1001 idées de
DÉCORATION

97-B, montée des Bouleaux, Saint-Constant Qc, Canada J5A 1A9
Tél.: (450) 638-3338 Téléc: (450) 638-4338
Internet: www.broquet.qc.ca Courriel: info@broquet.qc.ca

 **Broquet**

est une marque déposée de Federal Marketing Corp.

**Catalogage avant publication de Bibliothèque
et Archives nationales du Québec et
Bibliothèque et Archives Canada**

King, Heidi Tyline, 1966-

1001 idées de décoration

(L'encyclopédie du bricolage)

Traduction de: Design ideas for home decorating.

Comprend un index.

ISBN 978-2-89000-945-5

1. Décoration intérieure. I. Titre. II. Titre: Mille et une
idées de décoration. III. Collection: Encyclopédie du
bricolage (Boucherville, Québec).

NK2115.K5614 2008   747   C2007-942016-8

Pour l'aide à la réalisation de son programme éditorial, l'éditeur remercie :
le Gouvernement du Canada par l'entremise du Programme d'aide au
développement de l'industrie de l'édition (PADIÉ ; la Société de développement
des entreprises culturelles (SODEC) ; l'association pour l'exportation du livre
canadien (AELC). Le Gouvernement du Québec - Programme de crédit d'impôt
pour l'édition de livres - Gestion SODEC.

Titre original : *Design ideas for Home Decorating*
COPYRIGHT © Creative Homeowner, 2006
All rights reserved. This french language edition first
published by © Broquet inc. 2008

Pour l'édition française (pour le Québec) :
Copyright © Broquet inc., Ottawa 2008
Dépôt légal — Bibliothèque nationale du Québec
1er trimestre 2008

Traduction : Nicole Poirier, Claude Dallaire
Révision : Lise Lortie, Marcel Broquet
Directrice artistique : Brigit Levesque
Infographie : Sandra Martel

Imprimé en Malaisie

ISBN 978-2-89000-945-5

Dédicace

À tous ces bricoleurs qui travaillent
fort pour transformer leur maison
en foyer confortable.

Table des matières

EN HAUT Un foyer est une particularité architecturale très attrayante et mérite d'être le pôle d'attraction d'une pièce.

À DROITE Les finis métalliques sont très populaires de nos jours et nous les retrouvons dans des endroits inattendus.

EN BAS Les tissus jouent un rôle important dans un décor. Ces modèles alternatifs en rouge ajoutent de l'effet aux chaises de la salle à manger.

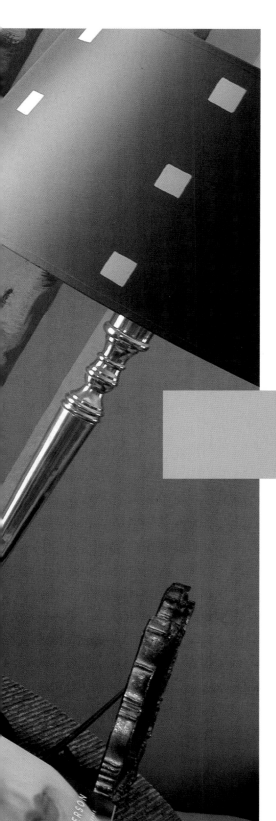

Penser aux maisons et aux pièces que vous avez aimées est déjà l'élément déclencheur du processus de création de votre propre guide de décoration. Le salon d'un ami où en cette froide veille de Noël vous étiez rassemblés pour boire du cidre chaud ; la chambre d'hôte d'un gîte touristique avec ses couvertures tellement douces que vous vous y seriez prélassés pendant des jours ; le porche arrière et la table de votre grand-mère où elle servait de la crème glacée maison – de tels endroits nous restent en mémoire et deviennent à la limite, l'échelle de valeur pour mesurer tous les endroits de confort et de sérénité. *1001 idées de décoration* vous aide à mettre à profit vos options de décoration en vous présentant un choix

Introduction

d'idées faciles à reproduire dans votre propre foyer. Le livre débute avec les principes de base – comment composer avec l'espace. Ensuite, vous apprendrez tout sur l'ameublement et vous obtiendrez d'importantes informations sur les couleurs. Finalement, il y a des chapitres complets consacrés aux pièces de votre maison, où pour chacune d'elles des idées brillantes et des légendes informatives soulignent les options créatives. Mais avant tout, *1001 idées de décoration* vous encourage à expérimenter afin que le style et le confort se combinent pour créer un environnement que vous aimez et qui est à votre image – votre chez-soi.

Le design c'est bien plus que de faire en sorte que la pièce paraisse bien – c'est affirmer votre personnalité et votre style. C'est créer une ambiance et vous entourer de choses que vous aimez. La meilleure façon de commencer tout projet de design, c'est de déterminer ce que vous voulez réaliser. Désirez-vous une pièce gaie pour recevoir sans cérémonie ? Avez-vous besoin d'espace pour le travail ou les passe-temps ? Aimez-vous tenir des dîners mondains ? Voulez-vous combiner les différents champs d'intérêt familiaux dans un espace cohésif ? Quelle que soit votre intention, ce chapitre vous donnera les conseils sur les normes en décoration pour la commencer.

Principes de base en design

❚ qu'est-ce que la décoration ? ❚
❚ connaître votre espace ❚ couleur, motif
et texture ❚ trouver votre style ❚

Avoir de l'œil pour la décoration c'est aussi simple que de connaître votre style et vos combinaisons favorites de couleurs, en plus d'apprendre comment utiliser les principes de base simples d'un bon design.

Qu'est-ce que la décoration ?

Le design est tout simplement une manière de créer un espace fonctionnel et attrayant. Un plan de base pour un bon design suppose la connaissance de quelques principes fondamentaux, tels l'échelle et les proportions, la ligne, l'équilibre, l'harmonie et le rythme. La couleur, le motif et la texture sont d'autres aspects du design qui peuvent ajouter complexité et raffinement à une pièce. La manière dont vous interprétez ces principes relève de vos goûts et de vos préférences. Car en fait, des pièces agencées avec style devraient révéler votre personnalité et vos intérêts. Alors la meilleure façon de vous lancer en décoration, c'est d'abord de déterminer l'ambiance que vous désirez créer, allant de la fantaisie au provincial français jusqu'aux prestigieuses années 1950, et bien d'autres. Ensuite, reportez-vous aux choses que vous aimez pour inspirer votre vision – votre jardin, une jolie nappe de cuisine, la couleur des sommets de montagnes enneigées.

Si vous vous sentez dépassé par l'ampleur de la tâche, commencez par vider la pièce de tout son ameublement. Cela vous permettra d'observer la véritable nature architecturale de l'espace sans qu'aucune distraction vienne influencer vos perceptions. Par exemple, sans les rideaux vous serez en mesure de constater que les deux fenêtres sont peut-être de grandeurs légèrement différentes ou que les registres de chaleur sont placés bien en vue. Après quelques jours, ramener graduellement les meubles de manière à déterminer ce que vous aimez suffisamment pour les conserver dans votre nouvel environnement design.

PAGE OPPOSÉE Les tissus et les couleurs dans un salon contemporain sont paisibles et sereins. Une collection d'objets d'art est exposée joliment sur les murs autour de la pièce pour ainsi éviter que le regard devienne ennuyeux – et pour refléter le sens de style du propriétaire.

EN HAUT À GAUCHE Une armoire encastrée est une somptueuse nécessité. Pour les lecteurs de la famille, un coin lecture leur est aménagé avec de beaux fauteuils placés devant les étagères toutes remplies de livres.

EN HAUT À DROITE Un imposant foyer représente un véritable défi d'échelle et de proportion. L'éclairage par le haut souligne le pôle d'attraction mais également allège les tons foncés de la pierre. Utiliser les couleurs pâles de la pierre comme palette globale est un autre truc pour aider à harmoniser le foyer avec le reste de la pièce.

À DROITE Les rayures horizontales sont fidèles au style contemporain du reste du décor de la pièce.

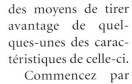

A vant de commencer, regarder autour de vous et éva-luer l'espace que vous voulez décorer. Il y a de bon-nes chances qu'il y ait des choses que vous aimiez et d'autres que vous n'aimiez pas de l'espace existant. Les fenêtres donnent sur une vue extraordinaire ou la pièce offre un spacieux espace de plancher ; mais peut-être qu'il y a trop d'entrées de portes ou pas assez de surface murale pour placer les meubles. Ou bien la pièce est longue et étroite avec des plafonds bas qui font qu'on se sent pris. À moins que des changements structuraux soient une option, vous devrez déterminer comment faire dispa-raître certains des aspects négatifs de la pièce, et trouver des moyens de tirer avantage de quel-ques-unes des carac-téristiques de celle-ci.

Connaître votre espace

Commencez par faire une liste de toutes les choses que vous aimez et n'ai-mez pas. Pensez à la façon dont vous utiliserez l'espace selon vos besoins, à savoir si la lumière est adéquate et comment sont les allées et venues à la pièce et dans celle-ci. Compilez toutes vos remarques dans un bloc-notes en y incluant toutes vos listes, des échantillons de peinture, de tissus et de papiers peints. Il est également utile de feuille-ter des livres et des revues pour trouver des exemples de pièces qui peuvent ressembler à la vôtre. Découpez les photos que vous aimez particulièrement et insérez-les dans votre bloc-notes. Prenez les bonnes mesures de votre pièce et dessinez votre plan sur papier. Le fait d'avoir des spécifications concrètes et un plan sur papier vous aidera à saisir ce qui est bien dans l'espace existant et ce qui a besoin de raffinement.

PAGE OPPOSÉE, EN HAUT À GAUCHE ET À DROITE La meilleure façon de s'attaquer à une grande pièce c'est de diviser l'espace en petites zones – des pièces dans une pièce.

PAGE OPPOSÉE, EN BAS Un foyer imposant en pierres flanqué de fenêtres pleine hauteur a besoin d'un peu d'embellissement.

EN HAUT L'emplacement des meubles dans une grande pièce peut s'avérer compliqué. Utiliser un tapis pour fixer un espace de places assises.

À DROITE Choisissez des meubles en accord avec l'échelle de la pièce. Cette chaîne audio-vidéo est haute et volumineuse – des proportions adéquates pour une pièce de cette grandeur.

Les principes de base qui s'appliquent

Même si vous n'êtes pas familiarisés avec les principes de base en design, vous saurez s'ils ont été utilisés efficacement dans une pièce si celle-ci est belle et que vous vous y plaisez.

L'échelle réfère à la taille d'un objet en fournissant la taille de tout le reste dans la pièce. **Les proportions** représentent la relation de parties d'un ensemble ou d'objets entre eux basée sur la taille – la dimension de la fenêtre est proportionnelle à la grandeur de la pièce. Lorsque toutes les parties de l'ensemble sont correctement proportionnées une par rapport à l'autre et au tout, une bonne échelle est réussie.

La ligne définit l'espace. Un espace bidimensionnel consiste en surfaces planes, comme des murs, des planchers et des plafonds. Ajouter de la profondeur à une surface crée un espace tridimensionnel – la combinaison des murs, du plancher et du plafond crée une pièce.

L'équilibre fait en sorte que la relation entre les objets ait l'air naturel et soit agréable aux yeux. Tout l'ameublement, gros ou petit, devrait être réparti également à travers la pièce.

La symétrie réfère au même arrangement de parties d'un ensemble, d'objets ou de formes sur les deux côtés d'une ligne imaginaire ou une vraie ligne médiane. L'asymétrie est l'équilibre obtenu entre des objets de différentes tailles grâce à leur disposition.

L'harmonie est réussie lorsque tous les éléments s'agencent bien entre eux. Le rythme concerne la répétition des motifs. L'équilibre est la clé pour créer une bonne harmonie et un bon rythme ; ajoutez toujours au moins un élément contrastant au décor comme pôle d'attraction.

PAGE OPPOSÉE Les panneaux rectangulaires sur la porte sont imités de près par la forme rectangulaire des encadrements, une utilisation efficace de modèle et de rythme.

À GAUCHE Des plafonds exceptionnellement hauts et un majestueux foyer de pierres dominent ce grand salon à aire ouverte. Le centre asymétrique est contemporain et a l'air moins formel qu'un foyer de style classique.

EN BAS Un tissu d'un bleu frais apporte une atmosphère harmonieuse à cette pièce. Notez la disposition symétrique des meubles autour du foyer. Le grand format de la peinture convient aussi à la hauteur de la pièce.

Idée de génie
Agencement en hauteur

En incorporant des lignes verticales à votre conception de décoration, vous élèverez visuellement la hauteur d'une pièce avec un plafond bas. Pour attirer le regard vers le haut, décorez avec un papier peint ou du tissu rayé avec des lignes verticales, de grandes colonnes, des pilastres cannelés, ou un arrangement d'art mural.

Un bon design est un régal pour l'œil

EN HAUT De grandes pièces peuvent procurer une sensation caverneuse et faire basculer l'équilibre d'échelle et de proportions. Livrez bataille à la tendance qui consiste à diviser l'espace en plusieurs aires fonctionnelles. Dans ce coin, un lit de repos fournit une place pour dormir et paresser.

PAGE OPPOSÉE, EN HAUT À GAUCHE Un bureau tout simple devient un élément substantiel dans ce concept design lorsque des lampes hautes sur pied s'y posent et qu'une jupe en tissus couleur crème vient cacher les classeurs.

PAGE OPPOSÉE, EN HAUT À DROITE La disposition symétrique des objets sur la tablette de cheminée accentue le style classique du foyer.

PAGE OPPOSÉE, EN BAS Une pièce de mobilier aussi bas pourrait facilement passer inaperçue dans une pièce avec de hauts plafonds et des murs munis de bordures, si ce n'était de l'arrangement de cadres carrés placés au-dessus du sofa.

Idée de génie
Question d'équilibre

Lorsqu'une pièce de mobilier ne semble pas être à sa place, l'utilisation d'accessoires équilibrera le meuble dans l'espace. Par exemple, pour donner un effet de largeur, ajoutez des coussins à l'une ou l'autre des extrémités d'un sofa; pour attirer le regard vers le bas, rajoutez une carpette; et pour donner de la hauteur à une table base, ornez celle-ci d'un vase ou d'une lampe en hauteur.

Couleur, motif et texture

La couleur peut changer instantanément l'apparence et l'atmosphère d'une pièce. C'est également une manière rapide d'intégrer de la personnalité dans votre décor. Pour certains d'entre vous, le sujet de la couleur reste un défi à relever, à cause de ses résultats parfois frappants. L'utilisation de la roue de couleurs, laquelle est illustrée à la page 20, est une manière de s'initier au monde des couleurs. La roue des couleurs vous permet de voir les bonnes combinaisons de couleurs. Une autre façon d'y arriver, c'est de jouer avec les différentes teintes ou tons de la même couleur. Si vous utilisez plus qu'une couleur, restez fidèle à la même intensité. En d'autres mots, n'employez pas un vert foncé avec un jaune pâle.

En même temps que la couleur, introduisez des *motifs* pour énergiser la pièce. Pour ajouter de l'intensité, utilisez un motif à travers toute la pièce ou pour un effet animé, utiliser plusieurs agencements. Des groupements de trois ou quatre motifs avec un élément en commun qui les unit sont offerts par les fabricants de papiers peints et de tissus, ce qui facilite la coordination des motifs et des imprimés. Si vous essayez de faire vous-même l'agencement, choisissez un thème ou une couleur qui sont récurrents. Évitez l'utilisation de plus d'un motif d'une échelle similaire. Par exemple, groupez ensemble un grand motif avec un petit imprimé.

Finalement, la *texture* ne donne peut-être pas autant d'effet que la couleur ou le motif dans une pièce, mais celle-ci peut relever subtilement une conception ordinaire et en faire quelque chose d'extraordinaire. Un mélange de textures joue sur les sens et ajoute une autre touche de complexité à un concept. Pour donner un caractère distinctif à une pièce, superposez des textures contrastantes à l'aide de tissus, de revêtements de sol, de recouvrements muraux et d'aménagement de fenêtres.

PAGE OPPOSÉE Les coussins orange et rose donnent à cette pièce, qui serait monochrome, un brin d'audace et d'humour. Chaque couleur est utilisée dans toute la pièce, mais ce n'est que sur ce lit de repos qu'elles sont combinées, un élément qui donne encore plus d'ampleur à l'arrangement.

EN HAUT Des rideaux de pleine hauteur de style traditionnel en orange et blanc peuvent facilement sembler envahissants. Toutefois, parce que le motif est utilisé parcimonieusement, les rideaux encadrent bien les fenêtres avec élégance sans toutefois faire oublier le concept de décoration général.

À GAUCHE Un comptoir carrelé de pierres apporte une chaleur naturelle et un attrait intemporel à la cuisine. Sa surface crevassée offre un contraste de textures avec les accessoires contemporains et lisses en acier inoxydable et d'un orange percutant.

Combinaisons de la roue des couleurs

Ce que vous percevez en tant que couleurs est en fait différentes longueurs d'onde lumineuse. La roue des couleurs est un outil qui vous permet de les grouper par deux. Il représente le spectre des couleurs comme un cercle. Les couleurs primaires (jaune, bleu et rouge) sont combinées avec les autres teintes (orange, vert et violet). Voici les combinaisons courantes de couleurs.

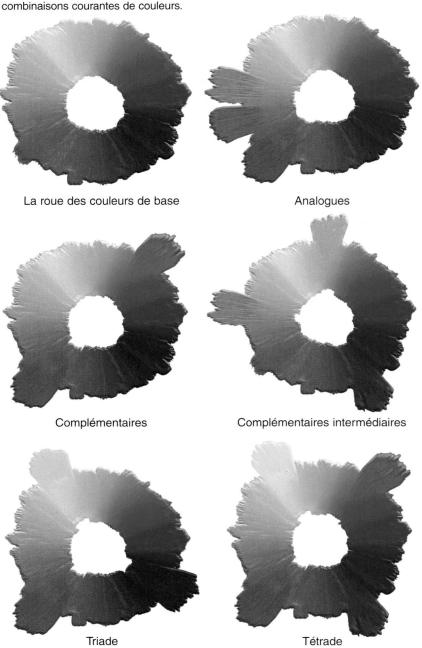

La roue des couleurs de base

Analogues

Complémentaires

Complémentaires intermédiaires

Triade

Tétrade

PAGE OPPOSÉE Les tulipes d'un orange vif (à gauche) et les lilas d'un violet pâle illustrent les ambiances opposées qu'évoquent les couleurs de différents côtés sur la roue des couleurs. Un mélange de rouge et de jaune donne un orange chaud énergisant. La couleur de la pomme vert jaune ajoute un vif contraste. D'autre part, un violet pâle et froid qui combine du rouge et du bleu teinté de blanc apparaît plutôt timide.

La façon de travailler avec la roue des couleurs

Chaque couleur a ses caractéristiques évocatrices inhérentes. Par exemple, le rouge est reconnu comme étant très stimulant, c'est donc un bon choix pour une salle à manger où les conversations animées sont la clé d'un dîner divertissant. D'un autre côté, le bleu est paisible et est approprié dans la chambre. Mais votre réaction individuelle à une couleur en particulier est très personnelle. C'est pourquoi il est très important d'inclure les couleurs que vous aimez dans votre décor. Votre garde-robe, le tissu de votre ameublement existant, et même la couleur des pièces actuelles vous donneront une idée des couleurs qui vous attirent – ainsi que les couleurs que vous n'aimez pas. Mais il est aussi important de choisir la bonne couleur pour la pièce que vous décorez.

Aussi, regarder la roue des couleurs pour voir comment les couleurs interagissent entre elles. La roue des couleurs inclut toutes les *couleurs primaires* (rouge, bleu et jaune); les *couleurs secondaires* (vert, orange et violet) sont créées en combinant deux couleurs primaires, et les couleurs tertiaires sont obtenues par le mélange d'une couleur primaire avec une couleur secondaire. Par exemple, la couleur tertiaire turquoise est créée à partir du mélange de bleu, une couleur primaire, et avec du vert, une couleur secondaire.

Une combinaison *analogue ou harmonieuse* implique que les couleurs apparentées partagent une teinte sous-jacente. Sélectionnez une couleur dominante, ensuite choisissez des couleurs accents à partir des couleurs adjacentes. Les couleurs *contrastantes* ou *complémentaires*, comme le bleu et l'orange, se trouvent à l'opposé l'une de l'autre et donnent souvent un bon résultat. Parfois vous devez expérimenter avec une variété de tons et de nuances provenant de couleurs complémentaires pour qu'elles ne surchargent pas une pièce.

Une *combinaison de couleurs complémentaires adjacentes* exige un ensemble additionnel de couleurs opposées, comme un bleu vert et un rouge orangé.

Une *combinaison monochrome* peut être ennuyeuse, alors insérez plusieurs nuances ou plusieurs tons de la couleur. Mais évitez d'utiliser trop de valeurs contrastantes, ce qui pourrait donner à l'agencement de couleurs un air inégal.

Magie des couleurs, si vous connaissez quelques trucs

Les couleurs pâles rapprochent et les couleurs foncées éloignent

PAGE OPPOSÉE Un escalier ordinaire est spectaculaire, car il se définit par le contraste pur des murs et des contremarches blancs contre les couvre marches, la rampe d'escalier et le tapis d'escalier de couleur noyer.

EN HAUT Une petite chambre à coucher bénéficie de la répétition des motifs et de la couleur trouvée dans la table à volants, les baldaquins et les oreillers. Un couvre-lit matelassé blanc contribue également à l'agrandissement visuel de la pièce.

À DROITE La couleur terre brûlée des murs, des bois foncés et des tissus de l'ameublement ainsi que les tons neutres sur la fenêtre apportent de la chaleur à un salon surdimensionné. Quelques accents de couleurs complémentaires sur les coussins, les œuvres d'art encadrés et l'aménagement des fenêtres font en sorte que l'agencement des couleurs ne devient pas trop foncé et trop lourd.

Amusez-**v**ous avec les **m**otifs

Une pièce devient tellement amusante lorsque les motifs sont partout dans le décor. Comme les couleurs chaudes, les grands motifs remplissent l'espace en donnant habituellement plus d'intimité à une pièce. Ils créent également une atmosphère animée et stimulante. Vous pouvez également utiliser de grands motifs dans de petits espaces, une solution sensiblement efficace lorsque vous restez fidèle à un modèle et que vous l'utilisez dans toute la pièce. Toutefois, faites attention de ne pas surcharger une pièce avec un motif trop audacieux (hors proportion).

Des motifs à petite échelle donnent l'impression d'éloignement, pour ainsi faire paraître plus grands de petits espaces. Ils peuvent être utilisés pour camoufler des angles ou des coins inhabituels, comme des accès au grenier au plafond. Pour ce genre de situation, essayez un motif subtil et non directionnel. L'effet de petits motifs dans une grande pièce est minimal parce qu'ils sont difficiles à voir de loin. Une simple règle à suivre : utilisez de grands motifs sur de l'ameublement de grande taille, des imprimés de taille moyenne sur des pièces moyennes et de petits imprimés sur des pièces décoratives.

À GAUCHE Ce motif floral peut être utilisé dans une grande ou une petite pièce à cause du blanc comme couleur de fond. Pour des couleurs accents, autant pour la peinture que pour le tissu, choisissez des couleurs que vous retrouvez dans le motif.

PAGE OPPOSÉE, EN HAUT Des pièces toutes blanches donnent l'impression d'être épurée et spacieuses, mais peuvent manquer de personnalité. Incorporer différents motifs dans les tissus d'ameublement ajoute du style et de l'effet sans toutefois nuire à l'éclat de la pièce.

PAGE OPPOSÉE, EN BAS Un tissu géométrique rigolo sur un coussin joue un tour amusant à la formalité en ajoutant un brin de fantaisie, du confort et une élégance décontractée.

À DROITE Les anneaux bleus, très accrocheurs, forment un motif répétitif qui évite aux rideaux blancs pleine hauteur de se fondre au second plan. Leur emplacement au-dessus de la partie inférieure d'une fenêtre arquée ajoute de la définition et abaisse virtuellement la hauteur du plafond.

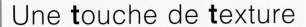

Une touche de texture

Les apparences sont trompeuses, surtout lorsqu'il est question de texture. Cet élément de design est subtil, mais essentiel – il procure à votre projet de décoration de la profondeur et une dimension. La manière la plus facile d'incorporer de la texture dans un design c'est l'utilisation de tissus. Les brocarts et les damas, les moirés et les chenilles, les tweeds et les chintz – tous évoquent des styles et des sensations différents. Toutefois, les tissus n'en sont que le commencement. Des perceptions tactiles peuvent émaner de n'importe quelle matière ou n'importe quelle surface, qui est rugueuse ou lisse, dure ou molle, mate ou brillante. Rappelez-vous que les surfaces rugueuses et mates absorbent la lumière et le son, comme la pierre, le bois rustique, le stuc, le velours côtelé, ou la terre cuite. Alors que les surfaces lisses et brillantes réfléchissent la lumière telle que le métal, le verre, la soie et l'émail.

EN HAUT À GAUCHE Le recouvrement mural en faux-fini alligator ajoute de l'effet à ce mur d'entrée. Remarquez sur la table le jeu des textures complémentaires : la légère patine de la poterie, la chaleur rugueuse du bois, la fraîcheur et la douceur du marbre. La combinaison des textures, même si elles sont de la même palette de couleurs, ajoute de la complexité à la composition d'une pièce.

EN HAUT À DROITE Cette fois-ci c'est un recouvrement mural en faux-fini armure d'herbe (grass-weave) qui se démarque de manière subtile, mais ferme, tout en permettant à la ciselure et à l'ornement sur le foyer blanc, d'attirer l'attention avec distinction.

PAGE OPPOSÉE Une salle de séjour champêtre et rustique compte sur les textures de matériaux naturels, tels que le bois, le feuillage, le linge de maison et le rotin pour lui donner une atmosphère détendue et invitante.

À GAUCHE Inspiré par l'œuvre d'art, le rouge est le choix naturel comme couleur accent dans cette pièce.

EN HAUT Un papier peint avec un fond rouge de Chine réchauffe une salle à manger champêtre. La poterie blanc et bleu ajoute une note contrastante de couleur.

EN BAS La couleur accueillante des murs pêche pâle d'une pièce est adoucie par le ton naturel du bois et des rideaux blancs.

PAGE OPPOSÉE, EN HAUT Le rouge se démarque contre un fond de murs blancs.

PAGE OPPOSÉE, EN BAS Des tissus unis et à dessins peuvent être mélangés avec style.

Les pièces s'animent avec du rouge et de l'orange

Rouge et **o**range

Des tests médicaux ont prouvé que la couleur rouge pouvait augmenter le rythme cardiaque du spectateur et faire monter la température corporelle. Il n'y a pas de quoi se surprendre que cette couleur énergisante soit un bon choix pour les pièces où se tiennent des activités. Comme couleur dominante d'une pièce, le rouge est animé, intense et audacieux. En tant que couleur accent, le rouge ajoute de la force au décor.

L'orange est le mélange du rouge et du jaune, il prend donc les caractéristiques des deux. Il est aussi énergétique que le rouge, mais plus enjoué que le jaune. L'orange est une bonne couleur lorsque vient le temps d'égayer un espace. S'il est utilisé dans toute une pièce, choisissez un ton plus pâle pour empêcher la couleur de paraître trop criarde.

Bleu et violet

Emprunté à la palette de la nature, le bleu est une des meilleures façons d'amener la beauté et la sérénité de celle-ci à l'intérieur de votre maison. Peinturer une pièce en bleue crée un environnement reposant, calme et frais – c'est pourquoi nous voyons souvent le bleu dans les chambres à coucher. Le bleu peut également créer une illusion d'espace et de distance, alors les pièces peintes en bleu paraîtront et donneront l'impression d'être plus grandes qu'elles le sont réellement. Le mauve ou le violet combine l'intensité du rouge ainsi que la qualité apaisante du bleu. Le mauve plus foncé est, quant à lui passionné et royal et crée des pièces chargées d'émotions.

Exprimez-vous en bleu et en violet princier

EN HAUT À GAUCHE Un bleu doux est le complément d'un agencement de couleur tout en blanc, sans faire oublier son aspect clair et épuré.

EN HAUT Vous ne vous tromperez jamais avec un ciel bleu. Ici, c'est devenu une peinture murale inspirée d'une marine.

À GAUCHE Une combinaison intéressante de violet et de bleu habille ce petit salon.

PAGE OPPOSÉE Un bleu froid est doux à l'œil et reposant. Ici, des accents vert pâle ont été inspirés par l'imprimé du tissu.

À GAUCHE Les tissus de l'ameublement vert et or injectent de la couleur dans la pièce sans nuire à la palette de couleurs naturelles.

À DROITE Le mobilier et les accessoires de la pièce jouent contre l'ambiance chaude et riche créée par des murs dorés.

EN BAS Un plafond peint en un joli vert sauge donne un coup d'œil superbe et attrayant dans un tout autre agencement jaune pâle.

PAGE OPPOSÉE Les splendides murs vert olive et les fenêtres non décorées s'accordent pour amener l'extérieur à l'intérieur.

Vert et jaune

Lorsque vous désirez vous créer un environnement paisible, regardez la nature et cherchez-y un repère et changez-le en vert. Comme le bleu, le vert est reposant et calmant et possède une variété illimitée de tons pour s'amuser et pour obtenir le style que vous recherchez. Le vert fait un bon travail en tant que couleur dominante ou comme couleur accent dans une pièce.

À sa plus haute intensité, le jaune est brillant et plein d'énergie, la couleur parfaite pour une pièce sombre, sans fenêtre, ou en besoin d'embellissement d'agencement de couleurs. Lorsque le jaune est assourdi, il procure une sensation de calme et de fraîcheur et peut être pratiquement utilisé dans n'importe quelle pièce de votre maison.

Rafraîchissez n'importe quelle pièce avec du jaune et du vert

Misez sur les nuances neutres et naturelles

PAGE OPPOSÉE, EN HAUT COIN GAUCHE Une nature morte toute blanche composée de corail, de fleurs et de poterie crée un arrangement sublime contre ce mur blanc cassé crémeux.

AU CENTRE Une combinaison de neutres dépend de la diversification des textures dans la pièce pour donner de l'effet. Ici, les rideaux de soie, le tissu d'ameublement rugueux, le cuir souple, le bois chaud, et les abat-jour translucides s'accordent de façon harmonieuse.

À GAUCHE Inspiré par une œuvre d'art, le papier peint gris, ton sur ton, donne une allure élégante.

PAGE OPPOSÉE, EN BAS COIN GAUCHE Le bois naturel réchauffe cette palette de couleurs neutres.

PAGE OPPOSÉE, EN BAS, COIN DROIT Le beige et le blanc créent un havre de paix dans cette chambre sereine.

Couleurs neutres et naturelles

Les agencements de neutres peuvent être spectaculaires et sophistiqués.
Parce que la palette de couleurs est limitée, ces décors monochromes sont faciles à harmoniser et fort impressionnants lorsque le raffinement et le goût sont les objectifs de votre pièce. Les couleurs neutres et naturelles comptent sur la texture, le motif et le contraste pour créer de la profondeur et de l'effet. Elles sont également adaptées lorsque vous avez un joli meuble ou une collection intéressante à mettre en valeur. Les meilleurs résultats sont obtenus lorsqu'il y a un neutre dominant dans la pièce, soit sur les meubles et les aménagements de fenêtres ou les murs. Ajoutez un neutre plus foncé comme contraste ; ensuite, complétez avec un troisième ou un quatrième neutre pour terminer l'allure en beauté. Si la pièce devient monotone ou ennuyeuse, donnez-y un petit coup de couleur – une couleur – qui sera utilisée avec parcimonie comme accent.

Idée de génie

Ton et teinte

Dans le langage des couleurs, quelle est la différence entre un ton et une teinte ? Mélanger du blanc avec n'importe quelle couleur pour la nuancer. Le ton le plus lumineux d'une couleur est appelé pastel. Si vous mélangez du noir dans une couleur, vous allez créer une teinte plus foncée de cette couleur.

À GAUCHE L'élément déclencheur pour les rideaux jaunes et la chaise bleu pastel est les images éclaboussées sur l'ensemble du papier peint rose pâle.

EN BAS, À GAUCHE Un vert printemps pâle devient un neutre lorsqu'il est opposé aux comptoirs et aux dosserets blanc cassé dans la cuisine.

EN BAS, À GAUCHE Un jaune clair adoucit le bleu denim utilisé dans cette chambre de bébé.

PAGE OPPOSÉE Hybrides des couleurs les plus intenses de la roue chromatique, les pastels adoucissent un agencement décoratif.

EN HAUT, À GAUCHE Les murs de couleur chocolat rendent cette chambre d'amis douillette.

EN HAUT, À DROITE Un bleu intense et un blanc clair ont l'air sublime ensemble.

Accentuer l'effet avec des couleurs intenses et qui ont de la profondeur

Idée de génie

Couleur audacieuse

Équilibrez les couleurs foncées avec des accessoires et un ameublement pâles. Peints en blanc ou en naturel clair, les tons de bois s'assortissent bien aux teintes foncées. En règle générale, limitez les couleurs foncées aux endroits qui reçoivent beaucoup de lumière ou pour un seul mur accent.

EN HAUT À cause d'un bel éclairage, le rouge framboise des murs ne surcharge pas le décor.

PAGE OPPOSÉE Une intense teinte de vert borde d'une couleur somptueuse ce petit salon.

Quel est votre style? Si vous êtes comme la plupart des gens, il est plus facile de dire ce que vous n'aimez pas plutôt que ce que vous aimez. Vous savez peut-être que vous ne raffolez pas du tissu écossais, ou que le jaune est la couleur que vous aimez le moins. Pour trouver votre vrai style, il est utile de créer un album de découpures ou une reliure qui illustre exactement quels genres d'aménagements intérieurs vous font sentir chez vous. Découpez des photos – des chaises, des lits, des tapis ou même des accessoires – qui vous parlent. Créez une page de couleurs, en collant des échantillons de peinture et de tissus. Dès que vous regarderez votre collection, vous remarquerez des thèmes fréquents qui sont les indices de votre style personnel.

Trouver votre style

Armé de la connaissance de ce que vous aimez, à savoir quels meubles, tissus, couleurs et objets et quel style vous voulez exprimer dans votre maison, allez magasiner – à partir de la maison ou aux magasins. Regardez de près les meubles et les accessoires que vous avez et qui correspondent à votre style reconnu, et jetez les autres. Vous aurez à partir de ce moment, une idée de quels items vous pourriez considérer acheter pour mettre en relief votre style.

Alors qu'une structure vous donne une base, aucun style n'est complet sans des touches personnelles. Jetez un coup d'œil à des souvenirs que vous avez ramassés lors de voyages, des tapis ou des couvertures préférés, des photos de famille, des objets intéressants qui dénotent une certaine personnalité et utilisez-les partout dans votre décor.

Une allure classique ne se démode pas

PAGE OPPOSÉE Ce chemin d'escalier assez stylisé et simple, mais accrocheur, contribue à l'ambiance amusante et informelle de ce hall d'entrée qui serait autrement traditionnel.

EN HAUT Une combinaison de couleurs neutres, une table drapée et un lustre raffiné suggèrent un changement vers une allure classique.

À GAUCHE Les moulures ornées de cette pièce donnent un air solennel à la française à cette salle de séjour. Les tissus vert jaune ajoutent une note de fraîcheur.

L'allure fraîche du style contemporain

EN HAUT, À GAUCHE Le minimum d'accessoires, les finis en bois naturel et du verre décoré représentent toutes les caractéristiques de la décoration moderne.

EN HAUT Les maisons contemporaines sont ouvertes et aérées, avec peu de décoration sur les meubles ou de travail de boiserie intérieure.

À GAUCHE La diversité dans les matériaux plutôt que la décoration donne de la continuité, de la profondeur et de l'effet aux pièces contemporaines.

PAGE OPPOSÉE Le jeu des lignes est important dans une maison contemporaine. Le banc, le sofa bas, les marches et l'armoire ont tous des lignes qui créent un contraste intéressant dans la pièce.

Idée de génie

Désencombrement

La simplicité est la clé dans les intérieurs modernes aux lignes pures. Pour actualiser votre allure, débarrassez-vous de tout encombrement : piles de revues, des bibelots et tout ce qui ne sert à rien dans une pièce. Après vous en être départis, installez une armoire encastrée pour garder la pièce rangée et vos choses à l'abri des regards.

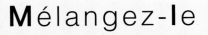

À GAUCHE Des fenêtres sans rideau, de jolies fleurs, des plantes en pots, un banc triste, et un plancher peint donnent à cette entrée une allure champêtre détendue.

EN HAUT Une pièce enveloppée de toile anglaise est du provincial français à l'état pur. En ajoutant des valises d'osier, du fer forgé et du bois qui amplifie la simplicité d'un intérieur champêtre.

PAGE OPPOSÉE, EN HAUT Cette salle à manger de style rustique américain classique est invitante avec sa grande table de bois et ses fauteuils à dossier en échelle.

PAGE OPPOSÉE, À GAUCHE Le foyer de roches de rivière et sa tablette de cheminée en bois dégrossi illustrent parfaitement un style chalet.

PAGE OPPOSÉE, À DROITE Dans un vestibule couleur mandarine, un bureau peint a l'air charmant dans cette maison inspirée d'une résidence de vacances.

Mélangez-le

Lorsque vous choisissez vos éléments de design préférés à partir de différents styles, le résultat n'est pas toujours prévisible, mais est certainement plus intéressant. C'est parce que plutôt que d'être dicté par les règles d'un style en particulier, vos goûts personnels, à savoir ce que vous aimez et n'aimez pas, deviennent la mesure pour décorer.

Si vous aimez une salle de séjour décontractée, mais que vous ne voulez pas d'une allure « chic délabrée », construisez un environnement contemporain avec des lignes pures, mais ajoutez des coussins sur les divans pour adoucir l'allure, ce qui invitera à la détente. Une cuisine démodée peut avoir des armoires turquoise et conserver son âme d'antan. Osez essayer quelque chose de différent !

Choisir à partir d'une variété de styles inspirés de la campagne

Le mobilier est un élément important en décoration. Non seulement doit-il révéler vos goûts personnels et le style que vous désirez refléter, mais il se doit d'être confortable. Évidemment, le prix est un facteur, mais payer plus cher, ne veut pas nécessairement dire que vous achetez ce qu'il y a de meilleur – seulement la qualité des matériaux et une construction fiable peuvent vous le garantir. Pensez à la durabilité lorsque vous choisissez le mobilier. Si vous avez des enfants ou si vous prévoyez utiliser le mobilier quotidiennement, sélectionnez des meubles qui sont robustes et évitez les tissus délicats et les surfaces vernies. Ce chapitre vous aidera à choisir l'ameublement qui est adapté à votre espace et à votre style de vie.

Ameublements

**I choix du mobilier I qualité I
I éclairage I art et accessoires I**

Meubler adéquatement votre demeure vous permet d'exprimer votre style personnel ainsi que d'offrir le confort ultime à votre famille et à vos invités.

EN HAUT Des armoires et des bureaux avec des bahuts peuvent être gros et encombrants, des attributs qui peuvent submerger certains espaces. En choisissant un bureau avec un système de rayonnage ouvert et en le peignant en blanc, cela contribue à éviter ce fréquent problème en design.

EN HAUT Un meuble en bois qui contient de l'équipement électronique est bien la preuve que le rangement ne se doit pas d'être ordinaire.

À DROITE Un sofa de grande dimension au tissu complémentaire à la couleur des murs offre des sièges confortables et se mélange bien avec le reste des éléments du décor de la pièce

Choix du mobilier

Le mobilier a trois fonctions de base : offrir une place pour s'asseoir, pour dormir et comme meuble de rangement. La manière de placer chaque pièce ou l'aménagement du mobilier dépend de la forme de la pièce. Les espaces longs et étroits donnent un meilleur résultat lorsqu'ils sont divisés en zones distinctes pour des utilisations différentes. Les pièces carrées permettent de grouper le mobilier au centre de la pièce.

La vocation d'une pièce détermine l'aménagement de celle-ci. Dans une chambre, le lit prend la vedette avec du rangement et peut être un espace pour s'asseoir, une armoire pour une chaîne audio-vidéo, ou dans le cas d'un étudiant, un bureau quelque part. La salle de séjour peut servir à de multiples fonctions, par exemple regarder la télévision avec la famille ou encore recevoir des amis. Pensez à la façon dont vous utiliserez votre salle de séjour pour guider votre décision sur son aménagement.

Indirectement, le mobilier peut être utilisé efficacement pour diviser l'espace. À l'intérieur d'une grande pièce, vous pourriez créer une zone intime pour vous asseoir devant le foyer et placer la chaîne audio-vidéo dans une autre aire. Ou si à l'intérieur d'un espace, vous devez définir la salle de séjour de la salle à manger, un sofa avec un dossier bas peut servir de diviseur, tout comme une étagère, un paravent décoratif ou une table longue. Des sièges modulés sont particulièrement pratiques si vous désirez un aménagement flexible.

Considérez toujours attentivement la taille de tout mobilier que vous avez l'intention d'acheter. Les pièces de mobilier qui sont de bonne dimension et proportionnelles entre elles et l'espace n'auront pas seulement une belle apparence, mais elles ajouteront au confort et au mode d'activités de la pièce.

EN HAUT Ces élégants fauteuils club ont été rembourrés en cuir doux, souple et durable. Acheter la meilleure qualité de meuble possible pour la longévité. Dans le cas du cuir, choisissez un grain de qualité supérieure. Le tissu d'ameublement devrait être traité à l'antitache.

À GAUCHE Des paires de roulettes permettent à cette pièce de mobilier de lui donner plusieurs usages. Placez-la à côté du lit comme table de nuit, ou roulez-la à travers la pièce pour l'utiliser à côté d'un bureau comme place de travail additionnelle ou comme rangement. Les roulettes, à cause de leur modernité, leur donnent aussi une allure très tendance.

PAGE OPPOSÉE, À GAUCHE Un bahut dans une salle de bain ajoute de la chaleur et du rangement pour le linge de toilette.

PAGE OPPOSÉE À DROITE Une jolie armoire est un bel ajout à cette pièce, procurant ainsi un espace de rangement indispensable. En haut, des portes en vitre montrent une collection, et en bas des portes coulissantes cachent des articles utiles, mais moins attrayants.

Types de mobilier et terminologie

L'industrie du meuble utilise une variété de termes pour étiqueter et catégoriser les meubles. Voici les plus courants :

Modulaire. Un nombre illimité de parties qui peuvent être utilisées dans plusieurs configurations différentes. Le mobilier modulaire est presque toujours rembourré. Les sofas d'ensembles composables sont des meubles modulaires très populaires.

Mobilier de rangement. Mobilier de rangement fait référence à toute pièce de mobilier qui est utilisé pour du rangement, comme une commode. Les tables font aussi partie de cette catégorie, également les bahuts et les bureaux. Le nom vient du fait que la forme fait penser à un coffre comme la plupart des mobiliers de rangement.

Sièges. Des sièges désignent des pièces rembourrées et non rembourrées. Les chaises et les sofas sont des pièces courantes dans cette catégorie.

Mobile. Du mobilier mobile, c'est exactement cela – des meubles qui peuvent être bougés facilement. Recherchez des pièces avec des cylindres et des roulettes qui peuvent être fixes ou rabattables lorsqu'elles ne sont pas utilisées.

Meubles encastrés. Les meubles encastrés d'aujourd'hui ont évolué bien au-delà des armoires traditionnelles. Des étagères mur à mur, des armoires encastrées munies de pattes comme celles des buffets et des armoires, des banquettes et même des lits escamotables ne sont que quelques-unes des options créatives des meubles encastrés.

T.C. Tissus que le client apporte au fabricant pour commander un mobilier fait sur mesure d'après ses spécifications. Les options les plus courantes sont les finis et les tissus, mais il y a des fabricants qui iront jusqu'à vous laisser choisir les pattes, la garniture, la forme et le bois du mobilier. Ce genre de mobilier n'est pas en vente libre et requière un temps d'attente d'environ 6 à 12 semaines pour la livraison

Meuble prêt-à-monter. Un mobilier prêt-à-monter vient en pièces détachées que vous devez assembler à la maison. Ce genre de meuble est habituellement moins coûteux, car vous fournissez la main-d'œuvre. La plupart des meubles en kit sont conçus pour rentrer dans votre automobile, ce qui élimine les frais d'expédition et de transport.

Formes des coussins

Les meubles rembourrés s'usent plus rapidement que toutes autres pièces du mobilier dans votre maison. De là l'importance de choisir des pièces rembourrées qui peuvent résister aux mouvements répétés et au poids, en plus de conserver leur apparence au fil du temps. La fondation des coussins est constituée par les bâtis et les ressorts. Un bon bâti est rembourré avec du feutre de coton ou de polyester de manière à ce que le tissu d'ameublement ne touche jamais le bois. La qualité des coussins pour les sièges et les dossiers mobiles consiste en une combinaison de duvet ou d'autres plumes enveloppées autour d'une couche centrale en mousse de polyuréthane – ou en duvet ou en plumes pour les coussins des dossiers.

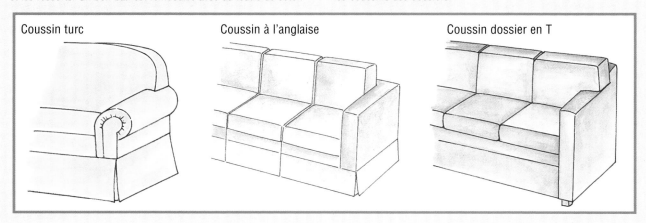

Coussin turc | Coussin à l'anglaise | Coussin dossier en T

PAGE OPPOSÉE Tester la qualité d'un coussin mobile en le soulevant. S'il est léger, il peut avoir été fabriqués à partir de matériaux de bas de gamme. Un coussin 2 pi x 2 pi ne devrait pas peser moins que 2 lb.

À GAUCHE Des coussins stylisés auront plus de structure, laquelle est créée en enveloppant une base de mousse avec une nappe ouatée. Le coussin peut également avoir un peu de duvet ou une nappe ouatée flottante pour un effet surdimensionné.

EN DESSOUS Des sofas et des chaises rembourrés doivent offrir un cadre robuste pour les coussins du dessus.

Qualité

Lorsque vous magasinez pour un mobilier, ne vous gênez pas. Vérifiez-le en dedans, regardez en dessous pour vous assurer que vous achetez un meuble bien charpenté. Les ressorts ondulés et les tours spirales sont les types les plus fréquents en matière de suspension pour le mobilier rembourré. Sans ces derniers, un meuble pourrait s'affaisser et perdre sa forme. Dans les systèmes de tours de première qualité, les tours sont ancrées au bâti de huit manières et sont espacées de près. Des ressorts doubles à arc devraient être reliés avec des ressorts en spirale pour une plus grande stabilité.

Le crin de cheval, la paille, le duvet et le flocon de coton ont été les fibres de rembourrage traditionnelles, mais la mousse de polyuréthane est aujourd'hui la plus répandue pour le mobilier rembourré. Cette mousse est solide et résistante et elle est habituellement enveloppée d'un autre matériau, tel du duvet ou un feutre de coton pour lui donner une meilleure forme.

La pièce d'entoilage du mobilier est déterminante du prix de ce dernier. Un tissu serré traité avec revêtement résistant aux salissures durera plus longtemps, mais vous pouvez également opter pour des tissus facilement nettoyables avec un shampoing de revêtements ou des housses qui peuvent être retirées et lavées. Vérifiez-en la fabrication en vous assurant que les coutures soient cousues serrées et qu'une couture surjetée ait été faite pour éviter au tissu de s'effiler.

Pour évaluer la qualité d'un mobilier en bois, rechercher une construction robuste aux joints. Ils sont habituellement collés ensemble ou attachés avec des vis. Les agrafes ne devraient être utilisées sur aucune pièce de mobilier qui supporte un poids.

À GAUCHE Le mobilier en bois devrait être robuste et avoir des joints sécuritaires. Les fonds tissés, comme les sièges en jonc de ces tabourets ne devraient pas avoir de bouts effilés ou de casses dans la fibre.

PAGE OPPOSÉE, EN HAUT À GAUCHE Lorsque des accents métalliques sont utilisés sur l'ameublement, le métal doit y être fixé de façon sécuritaire. Tous les bords qui se rencontrent devraient être égaux.

PAGE OPPOSÉE, EN HAUT À DROITE Les ameublements en métal devraient avoir des joints lisses et des vis cachées pour tenir le bâti ensemble. Aussi, les joints peuvent être soudés ensemble pour plus de solidité.

PAGE OPPOSÉE, EN BAS Pour du mobilier rembourré, le siège devrait être plus dur que le dossier de la chaise et il devrait reprendre rapidement sa forme après vous en être levé. Appuyez votre main sur toute la chaise pour vous assurer que les ressorts sont égaux.

PAGE OPPOSÉE Une causeuse de style se donne une allure décontractée lorsqu'elle est recouverte d'un gai imprimé floral. La causeuse se mêle bien avec le fond de la pièce, parce que le tissu s'agence avec le papier peint, agrandissant ainsi un petit coin de la pièce.

À GAUCHE De jolies chaises rembourrées de salle à manger peuvent être déplacées d'une pièce à l'autre comme sièges supplémentaires. Peignez les chaises de couleurs complémentaires, dans le but d'ajouter de l'effet, et garnir les coussins du même tissu en différentes versions colorées comme continuité.

Agencement des places assises

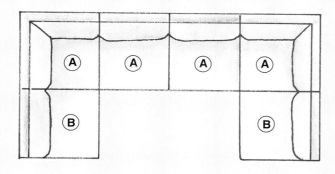

Réussir la configuration de l'agencement de places assises peut s'avérer être un défi. En premier, placez les grosses pièces du mobilier pour ainsi déterminer quel autre ameublement vous pourriez avoir besoin et pour savoir comment utiliser les pièces que vous avez. Prenez en considération les allées et venues dans la pièce, l'espace que vous désirez avoir pour les conversations intimes, ainsi que vos besoins de mobilier pour remplir une pièce entière.

Un **agencement en U** offre le plus grand nombre de places assises pour les gens. Cette configuration est intime et décontractée et donne un effet « d'une pièce dans une pièce ».

Diviser un **ensemble composable** crée de l'espace pour la circulation et deux espaces de conversations opposées l'une à l'autre. Si vous avez une grande pièce, cela est un bon agencement.

Un **agencement en L** est judicieux lorsque vous devez faire des espaces d'activités séparées dans un plan de salle ouvert. Un agencement de places assises en L est aussi une bonne idée lorsqu'un espace est requis pour circuler d'une pièce à l'autre.

Aménagements pour dormir

Le mobilier pour dormir va des bases de futon aux lits plates-formes et des châlits avec une tête et un pied de lit. Certains châlits incluent également des tables de nuit, des lampes et des cases de rangement encastrées. Les canapés-lits offrent un lit supplémentaire dans les espaces limités. D'autres options s'offrent telles que la mezzanine, où le lit est placé sur une plate-forme et permet de disposer de l'espace en dessous pour d'autres utilisations ; les lits superposés ; les lits gigognes dont une partie se glisse sous un autre lit lorsqu'il n'est pas utilisé.

Mais le plus important, c'est que vous choisissiez un lit pour son confort. Évaluez-en sa qualité en vous étendant dessus – vous ne devriez sentir aucun ressort, de tour ni aucune inégalité dans le matelas. Ensuite, considérer sa grandeur et son utilisation. Dans les petites pièces, les lits de repos et les lits superposés offrent un aménagement pour dormir sans toutefois prendre tout l'espace de plancher disponible. Les lits à baldaquin, les lits à colonnes et les lits avec des têtes et des pieds de lit volumineux ont l'air proportionnés s'ils sont placés dans de grandes chambres à coucher. Certaines chambres nécessitent un lit et pour dormir et pour s'asseoir. Les lits de repos ainsi que les chaises longues surdimensionnées peuvent être utilisés dans ces chambres.

Ne trichez pas – achetez un matelas de qualité

EN HAUT Pour une chambre d'enfants, une option fonctionnelle et amusante, des lits superposés qui laissent amplement d'espace pour jouer.

À DROITE Une chambre à coucher largement dimensionnée peut contenir avec style et équilibre un très grand lit et sa tête de lit rembourrée.

PAGE OPPOSÉE Durant le jour, une chambre d'amis est une place élégante pour s'asseoir avec un lit de repos de fantaisie comme fauteuil. Le soir, le lit devient pour un invité, un endroit confortable pour dormir.

À GAUCHE Un buffet symétrique rehausse le facteur wow dans une salle à manger. De plus, la section du milieu peut être utilisée pour ranger le linge de table et l'argenterie.

Idée de génie

Créer du rangement

Plusieurs accessoires, et même le mobilier, offrent de coquettes options de rangement telles que des paniers, des boîtes, des cartons à chapeaux et des plateaux. Aussi, essayez de repérer du rangement potentiel dans une pièce – des paniers sous un lit, une étagère installée au-dessus d'une porte, et des contenants qui s'ajustent le long des dessus d'armoires peuvent fournir de la place pour du rangement.

Sens du rangement

Personne n'en a assez – c'est pourquoi il est important de considérer quelles sortes de choses vous devez ranger avant de faire l'achat d'un meuble de rangement. Les bibliothèques ou tout autre système de rayonnage ouvert est fantastique, mais, par exemple, pas pour les vêtements. Les armoires munies de portes à charnières ou de portes coulissantes sont excellentes pour ranger un équipement audio ou vidéo. Les armoires à porcelaine et les présentoirs offrent un rangement adéquat pour les couverts et la verrerie. Les pièces de modulaires peuvent être utilisées en tant que murs de rangement ou comme cloisons-meubles. Les meubles de rangement pour la chambre à coucher – commodes, coiffeuses et coffres – sont classés d'après la grandeur de leur contenu. Recherchez ceux avec différentes grandeurs de tiroirs – petits pour les choses comme les bas, et profonds pour les vêtements épais tels que des chandails. Plusieurs meubles de rangement peuvent servir à de multiples usages. Par exemple, une armoire a été achetée typiquement pour la chambre à coucher, mais elle peut être un ajout fort utile pour la cuisine ou la salle de bain. Les meubles encastrés sont une solution de rechange au mobilier et peuvent contenir toute une variété de choses, des livres aux vêtements jusqu'à l'équipement de divertissement.

PAGE OPPOSÉE Une coiffeuse encastrée dans une chambre d'enfant élimine l'encombrement et simplifie l'allure de la chambre. Peignez les encastrés de la même couleur que les murs, de manière à ce qu'ils se fondent avec ces derniers, ou choisissez une couleur contrastante pour souligner l'encastré comme un élément de design distinct.

À DROITE Pensez vertical lorsque vous avez de besoin de rangement pour une petite chambre. Un meuble haut et étroit comme ce chiffonnier prend peu d'espace, mais peut contenir beaucoup de choses.

Réutiliser de vieux meubles

Une couche de peinture et un nouveau tissu peuvent transformer de vieux meubles en pièce d'ameublement stylisés qui susciteront des conversations. De plus, ces vieux meubles sont souvent fabriqués en bois solide, ce qui coûte très cher aujourd'hui dans le marché du meuble.

PAGE OPPOSÉE Un pouf touffeté a plusieurs utilisations, surtout si le dessus est rembourré fermement. Utilisez-le comme siège additionnel ou laissez votre pouf se changer en table.

EN HAUT Certains styles, comme ces fauteuils bergères de style provincial français ne se démodent jamais. Simplement, actualisez l'allure en les recouvrant d'un cuir crémeux. Choisissez un imprimé traditionnel pour une pièce traditionnelle, ou un motif de fantaisie pour le plaisir.

À DROITE Plutôt que d'envelopper ce sofa du même tissu que les côtés et les coussins, une frange longue et épaisse a été ajoutée pour créer un effet de couleur et de texture.

Calculer le métrage

Regardez plus loin que l'usure du tissu ; examinez attentivement la structure du meuble. Si vous aimez ce que vous voyez, faire un deuxième rembourrage peut être plus ou moins coûteux que d'acheter un nouveau meuble, compte tenu du tissu et des détails de finition. Pour un projet de rembourrage, la meilleure façon pour déterminer la quantité de tissu dont vous aurez besoin consiste à mesurer chaque section du meuble pour ensuite faire un total de l'ensemble. Ajoutez un peu plus de métrage pour les motifs et les répétitions, et si désiré, achetez du tissu supplémentaire pour des accessoires tels que des nappes et des coussins. La liste suivante est un guide de base pour vous aider à calculer à peu près, combien de tissu vous aurez besoin pour votre projet. Cette estimation est basée sur du tissu de 132 cm (52 po) de large.

Fauteuil à oreille : pas de jupe, approximativement 7,3 m (8 vg).
Fauteuil club : approximativement 6,4 m (7 vg).
Chaise de salle à manger, coussin et dossier : approximativement 1,4 m (1 vg).
Sofa Lawson* : approximativement 12,8 m (14 vg).
Sofa Chippendale* : approximativement 11 m (12 vg).
Sofa Tuxedo* : approximativement 12 m (13 vg).
Sofa contemporain, coussin en T** : approximativement 12,8 m (14 vg).
Chaise Queen Anne avec bras en bois : sans jupe, 2,7 m (3 vg).
Sofa composable : un siège sans bras, 3,6 m (4 vg) ; avec un côté, 5,5 m (6 vg).
** Un sofa normal de 1,8 m (6 pi).

L'éclairage encastré est une façon discrète d'ajouter en même temps dans une pièce, un éclairage de certaines zones et un éclairage indirect. Les lampes de table produisent un éclairage accent ou direct.

Il semble que l'éclairage soit un élément indéniable dans le design de n'importe quel espace, mais qui est malheureusement souvent pensé après coup. Un bon éclairage valorise la vocation et l'ambiance d'une pièce, alors il mérite toute votre considération.

Pour établir un plan d'éclairage réussi pour votre demeure, il faut s'assurer que chaque pièce reçoive à la fois une quantité suffisante de lumière indirecte – éclairage naturel et vertical par plafonnier – et de lumière directe, pour illuminer des espaces de travail ou pour attirer l'attention sur un objet remarquable, comme une œuvre d'art ou les objets d'une armoire.

Ses fenêtres et leurs orientations par rapport au soleil détermineront la quantité et la qualité de la lumière naturelle qui pénétrera dans une pièce. Un aménagement de fenêtres approprié permet d'éviter un excès de lumière naturelle d'entrer dans la pièce. Toutefois, ajouter de la lumière naturelle relève d'un exploit. L'éclairage vertical par plafonnier et l'éclairage direct, en tant que supplément, augmentent la lumière naturelle ; ils compensent entièrement la lumière du jour à la tombée de la nuit. La lumière ambiante (en général) devrait envelopper une pièce sans qu'elle ne semble venir d'aucune direction spécifique. Les plafonniers et les bras de lumière sont de bonnes sources de lumière. Une lampe articulée est d'abord destinée à une utilisation fonctionnelle, comme pour éclairer un comptoir, ou le miroir d'une coiffeuse. L'éclairage d'accentuation est spectaculaire. Il fixe l'œil sur un endroit ou un objet en particulier et il compense la lumière indirecte moins soutenue.

Éclairage

EN HAUT À GAUCHE Un beau chandelier est une caractéristique design attrayante dans une salle à manger. Pour éclairer une table, utiliser un minimum de 150 watts et un maximum de 200 à 300 watts. Installer un gradateur pour contrôler le niveau de lumière et pour mettre de l'ambiance dans la pièce.

EN HAUT Une collection d'œuvres d'art accrochée dans le passage est illuminée par de simples lumières à basse tension.

À GAUCHE Une lampe de table avec un abat-jour opaque diffusant la lumière de manière à ne pas éblouir et qui invite à la relaxation, à des réunions d'amis ou à la lecture. Cette lampe en particulier présente un pied de lampe minutieusement sculpté et peint ainsi qu'un abat-jour frangé somptueux – des détails qui se marient bien avec les autres caractéristiques design de cette pièce.

Comment choisir le bon abat-jour

Le mobilier peut être le point central d'une pièce, mais une lampe bien habillée est une accentuation élégante et saisissante. La difficulté du défi ne réside pas tant à choisir un joli abat-jour, mais d'en sélectionner un qui est approprié à la lampe et qui répond aussi à vos besoins d'éclairage. Plus le pied de la lampe est décoratif, plus l'abat-jour devrait être simple. Si le pied de la lampe est en céramique peinte ou sculpté, choisissez un abat-jour classique, ajusté avec des lignes pures. Si le pied de la lampe est un simple chandelier, offrez-vous un abat-jour plissé ou fleuri. Les abat-jour opaques concentrent la lumière en une direction, habituellement vers le bas, tandis que les abat-jour translucides répandent une lumière qui se disperse dans toutes les directions. Faites attention à la couleur de l'abat-jour : une couleur foncée dirige la lumière au niveau des sièges, alors qu'une couleur claire crée une douce lueur ambiante.

EN HAUT Des bandes de ruban orange ajoutent une couleur vivante à cet abat-jour qui, autrement, serait ajusté et simple.

À GAUCHE De chics et modernes luminaires suspendus en aluminium ajoutent un contraste indispensable au bois foncé de la table et des chaises d'une salle à manger.

EN HAUT De petites lumières installées sous les placards muraux égaient le comptoir foncé sans créer un éblouissement qui manquerait d'attrait.

EN HAUT Un élégant lustre de cristal est la touche parfaite au-dessus de ce bain dans cette baignoire d'alcôve.

À GAUCHE Un abat-jour en verre italien utilisé avec un bras de lumière en chrome ajoute un trait de couleur au carreau neutre de cette salle de bain.

À DROITE Ces luminaires suspendus en verre donnent une allure rétro et intemporelle. Les suspensions sont parfaites dans la cuisine, au-dessus d'une table ou d'un îlot.

AU DESSUS Dans une pièce de jardin circulaire complètement entourée de fenêtres, l'éclairage est caché derrière les moulures et est utilisé pour illuminer une peinture murale au plafond représentant un ciel, ce qui ajoute à l'illusion d'être à l'extérieur.

Éclairages créatifs

Les choix d'éclairage sont illimités, particulièrement si vous recherchez des façons créatives d'éclairer une pièce. Les effets les plus surprenants en éclairage sont obtenus grâce à un plafond illuminé d'un éclairage en corniche, à une boîte à rideaux lumineuse ou à un bandeau lumineux, lesquels ne manqueront pas de souligner les traits architecturaux d'une pièce. Les luminaires créés pour ces utilisations produisent une lumière réfléchissante spectaculaire. La répartition de la lumière varie selon le choix de l'éclairage : en corniche, c'est vers le haut, les bandeaux vers le bas et les boîtes à rideaux, autant vers le haut que le bas. Un pare-lumière bloque la source de lumière et est fabriqué habituellement d'un morceau de bois ou d'un moulage en plâtre. Les déflecteurs, les grilles paralumes ou les diffuseurs dirigent la lumière et réduisent l'éblouissement. Vous pourriez aussi considérer d'installer de l'éclairage le long du haut ou au pied des armoires, ou dans la corniche d'un plafond élevé. Intégrer une boîte à rideaux lumineuse à un plafond voûté ou à un drapé de rideaux ; un éclairage vertical pour une niche ; et pour mettre en valeur des moulures.

Une autre façon d'utiliser efficacement l'éclairage c'est d'employer les luminaires de manière non conventionnelle. Normalement, les luminaires pour les portraits sont utilisés pour mettre en valeur des objets et des œuvres d'art, mais lorsqu'ils sont installés au-dessus des miroirs d'une salle de bain, ils ont une allure fière et épurée. Les luminaires suspendus à la hauteur des yeux, placés à côté d'une chaise peuvent remplacer avec brio une lampe de table traditionnelle. L'éclairage sous les armoires qui est habituellement réservé pour les cuisines peut être installé à l'intérieur d'un bahut de salle à manger ou à l'intérieur d'une armoire qui peut également servir de bureau rétractable.

À DROITE Deux bras de lumière placés stratégiquement à côté d'un miroir d'entrée ajoutent un style indéniable au vestibule d'une maison.

onner du caractère à votre maison peut être une tâche difficile, mais tellement plus plaisante que de simplement créer un bel espace. La belle allure de votre maison dépend en partie des moulures couronnées, des beaux meubles et d'attrayants aménagements de fenêtres, mais ce sont dans les détails – tels que votre œuvre d'art préférée et les accessoires – que vos pièces s'animeront de votre personnalité. Mais vous sentez-vous en confiance quand vient le temps de sélectionner et d'agencer ces objets de manière à ce que ça n'ait pas l'air encombré? D'un autre côté, une maison complètement vide donnera l'impression qu'elle est inachevée. Commencez par vider la pièce que vous décorez, excepté les meubles, pour ainsi trouver un équilibre. Ramassez les objets que vous aimeriez montrés. Placez-les de manière à ce que vous les voyiez ensemble; ensuite grouper les objets semblables, comme des encadrements et des pièces de poterie. Utilisez ces groupements pour créer des

Art et accessoires

vignettes partout dans la pièce – qui sont des compositions d'objets pareils placés à proximité l'un de l'autre. Cette stratégie de design est la première étape à la formulation d'un arrangement cohésif.

Jouer avec les couleurs, les lignes et les formes. C'est une autre façon de rendre vos collections invitantes à regarder. Variez la hauteur des objets pour qu'ainsi votre regard se déplace sur la collection. Par exemple, un vase haut et aux lignes courbes placé à côté d'un miroir suspendu relie la décoration murale à celle qui est sur la table. Pour atteindre un équilibre, ajoutez d'autres objets similaires qui peuvent varier soit en dimensions ou en formes. Une composition de quelques objets donne un air épuré et architectural, tandis qu'un plus grand regroupement de couleurs ou d'objets à thème nous font penser à un musée.

À GAUCHE Des accessoires placés avec soin sur une table de ferme ancienne ont été choisis pour faire écho aux couleurs du papier peint. L'emplacement de la peinture, basse sur le mur, fait en sorte qu'elle fait partie de la vignette du dessus de table.

EN HAUT Toutes les pièces d'art et les accessoires de cette pièce sont monochromes, pour conserver ainsi l'agencement des couleurs de l'ensemble. Mais le résultat est spectaculaire, et ce, particulièrement grâce au designer qui a utilisé la dimension, en accrochant de grands cadres d'œuvres de fleurs au-dessus du foyer.

À DROITE Une lampe de chandelier fixe visuellement une horloge murale surdimensionnée au buffet. La continuité de la couleur joue un rôle cohésif dans la conception de cet arrangement.

Comment choisir une œuvre

Choisissez une œuvre d'art qui vous plaît et non pas une qui s'agencera à la pièce. Recherchez une pièce abordable faite par un artiste talentueux plutôt qu'une reproduction d'un Rembrandt. Si l'œuvre est de bonne dimension, minimiser les accessoires pour ainsi créer un impact. Si vous avez plusieurs œuvres d'art ou dessins de formats petits ou moyens, placez-les ensemble pour un effet impressionnant. Si vous avez une peinture colorée, tentez de trouver des accessoires, comme des fleurs, des pièces de poterie, des jetés et des tapis qui possèdent des touches de couleurs retrouvées dans l'œuvre d'art.

Si vous exposez des dessins ou des photographies, assurez-vous que le cadre est assez grand pour accueillir un passe-partout. En général, le cadre devrait être 2,5 à 7,5 cm (1 à 3 po) plus grand que l'image, quoiqu'un grand passe-partout à l'intérieur d'un cadre simple soit souvent uni et saisissant. Les cadres devraient s'agencer avec le style du décor, ou ils peuvent faire découvrir un nouvel élément design, particulièrement si vous planifiez grouper des œuvres similaires ensemble.

PAGE OPPOSÉE Une peinture éclatante attire l'attention avec cet emplacement prééminent et ce thème à répétition : un motif contemporain.

EN HAUT Un groupement d'œuvres d'art paraît très bien dans cette pièce remplie d'antiquités. Le grand portrait du 18e siècle dans un encadrement doré domine l'espace et lui donne un ton solennel.

À GAUCHE Les murs d'un escalier et le palier d'en haut servent ici de galerie à des affiches promotionnelles du début du 20e siècle. Un puits de lumière dans la cage d'escalier et des lumières encastrées à rotule illuminent ces affiches.

À GAUCHE Un miroir agrandit visuellement un espace. Ces six miroirs individuels sont exactement les mêmes, mais chacun d'eux distribue sa propre image, créant ainsi un effet dans ce même arrangement.

EN BAS Un miroir antique avec un cadre en verre biseauté et garni d'une ornementation ajoute de l'éclat à cette salle de séjour.

Ajouter des miroirs pour lumière et profondeur

EN HAUT Dans ce vestiaire, des miroirs dans des cadres dorés ont été fixés aux panneaux de portes, brisant ainsi l'apparence massive des placards encastrés pleine hauteur.

Idée de génie

Attention au reflet

Un miroir peut être décoratif et pratique. Utilisez un miroir pour agrandir visuellement une petite pièce, comme une salle de bain ou une entrée. Un miroir est réfléchissant et il peut créer une illusion de lumière, mais il peut aussi réfléchir une vue disgracieuse, donc faites attention où vous le placez.

AU DESSUS La moulure architecturale qui a été peinte en blanc s'agence avec le manteau du foyer et les autres boiseries dans cette pièce.

À DROITE Un miroir dans un cadre de métal peint fournit un contraste de texture lorsqu'il est opposé à de simples rideaux blancs pleine longueur.

L'art de la **c**omposition

C'est facile de créer une décoration murale attrayante avec des peintures, des photographies et des dessins. En travaillant sur une surface plane, étalez-y chaque pièce, et changez-les de place jusqu'à ce que vous obteniez l'arrangement désiré. Pour obtenir de meilleurs résultats, travaillez dans une forme géométrique, tel qu'elles sont illustrées, ainsi vous éviterez au groupement d'être trop rigide ou ennuyeux. Trouver un équilibre en plaçant les grandes pièces à l'opposé des groupes de plus petits objets. Si vous avez des œuvres d'art avec des passe-partout de différentes grandeurs, unifier le style en les plaçant en rangées.

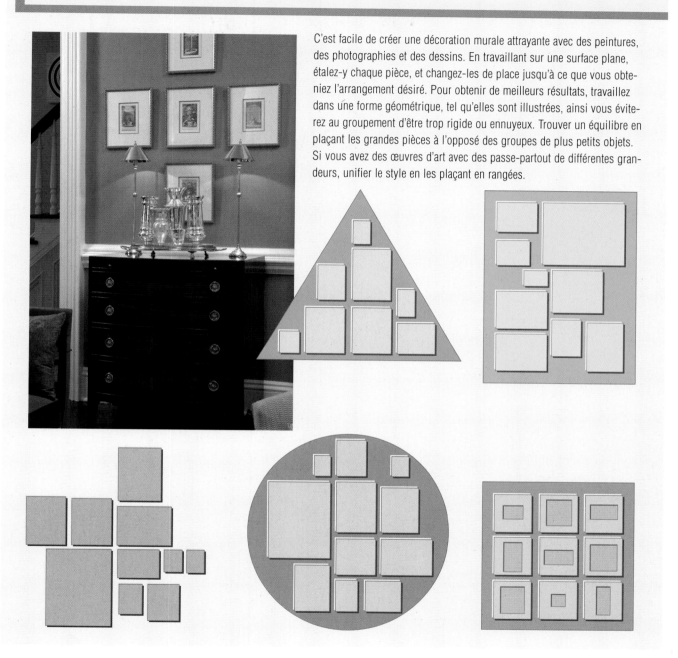

PAGE OPPOSÉE, EN HAUT À GAUCHE Pensez aux étoffes lorsque vous recherchez une pièce d'art. Ici, une superbe tapisserie pend gracieusement au-dessus d'un buffet et procure un mélange complexe de couleurs et de motifs.

PAGE OPPOSÉE, EN HAUT À DROITE Une petite peinture sur le mur au-dessus de la décoration de manteau de foyer est le pôle d'attraction de cet arrangement. Elle pourrait être échangée contre une plus grande peinture ou une gravure encadrée placée sur le manteau de foyer et appuyée contre le mur.

PAGE OPPOSÉE, EN BAS À GAUCHE Les objets aux lignes courbes placés dans ces casiers de rangement encastrés ajoutent de l'effet à ce solide aménagement architectural plutôt que de lui livrer bataille.

PAGE OPPOSÉE, EN BAS À DROITE Pour que le buste placé sur le socle devienne partie intégrante de l'arrangement plutôt qu'une pièce à part qui distrairait le regard, suspendre des gravures encadrées plus bas sur le mur s'avère être une mesure efficace.

3

Lorsque l'aménagement des fenêtres, des murs et des planchers est attrayant et fonctionnel, la décoration du reste de la pièce n'est plus une question de camoufler les défauts, mais bien de faire en sorte qu'elle soit belle et qu'on s'y sente bien. Les goûts comme les styles changent et heureusement l'aménagement des murs et des fenêtres peut être modifié facilement et à bon prix. Ainsi, peindre un mur et suspendre de nouveaux rideaux peut être très avantageux sur le plan des coûts et de la décoration. Le plancher, élément permanent, peut être onéreux, à moins que vous ne remplaciez qu'un petit tapis ou une carpette. Voici quelques idées pour commencer.

Fenêtres et surfaces

▌ habillage de fenêtres ▌ murs ▌
▌ planchers ▌

Les murs, les fenêtres et les planchers créent une toile vierge sur laquelle vous construisez votre concept de décoration. Basez vos choix sur le style, l'entretien, la durabilité et l'utilisation.

Habillage de fenêtres

É vitez la trop grande variété de styles en matière d'aménagement de fenêtres – soit en dentelle, de style ordinaire, décontracté, utilitaire, en tissu opaque ou transparent – et concentrez-vous sur leur raison d'être et vos besoins. En plus de sa valeur décorative, un bon aménagement de fenêtre sert avant tout à des besoins pratiques – tels qu'offrir de l'intimité, de l'isolation, de la ventilation et de contrôler la lumière. Il peut camoufler une vue moins que parfaite ou corriger visuellement un défaut architectural, telle une ouverture trop petite ou mal placée. Après avoir déterminé ce dont vous avez besoin en tant qu'aménagement de fenêtres, vous pouvez alors considérer quel style complète le mieux votre décor. Un aménagement traditionnel de feston et jabot avec panneaux à plis pincés ajoute des courbes au contour carré d'une fenêtre. Un store romain a une coupe plus stricte, et s'ajuste complètement au-dessus de la fenêtre ou à l'intérieur du dormant. Utilisées seules, les cantonnières peuvent ajouter un simple accent au-dessus d'une fenêtre. Et les stores ainsi que les volets favorisent un style moderne avec leurs inéluctables jeux de lignes.

Un aménagement de fenêtre en plus de son style, de sa couleur et de ses matériaux utilisés peut aller jusqu'à avoir un impact sur le décor. Des panneaux de rideaux longs fabriqués de tissu de la même couleur que les murs donneront un air raffiné, permettant aux moulures ou à ce que l'on voit de devenir le pôle d'attraction. Des couleurs audacieuses et des motifs peuvent faire de la fenêtre le point d'attraction de celle-ci. Utilisez la même couleur que le tissu ou une couleur associée au motif du tissu ou même les deux pour ainsi coordonner facilement un mobilier rembourré à l'aménagement de la fenêtre

Une fenêtre bien habillée peut également ajouter de la texture à un aménagement intérieur: la dentelle adoucie et calme; les matériaux naturels tels que la paille ou le bois ajoutent un cachet terre-à-terre à un environnement. Les tissus comme le damas, le brocart et le taffetas suggèrent une élégance classique, alors que le coton ou le lin parait moins somptueux.

EN BAS, À GAUCHE L'ampleur du volant de cet aménagement de feston et jabot frangé met en valeur l'atmosphère de la période romantique à la pièce.

EN BAS À DROITE La structure épurée d'un store romain tissé en tiges d'allumettes met tout en œuvre pour conserver les lignes pures de ce bain moderne.

PAGE OPPOSÉE De longs panneaux de soie traînent légèrement par terre et donnent un air tout simplement élégant à cette chambre à coucher.

Mesurage de fenêtres

Des mesures exactes vous aideront à déterminer si l'option de rideaux déjà tout faits peut être envisageable pour vous. Sans vos mesures, vous ne pouvez pas estimer correctement les éléments dont vous avez besoin. Utilisez un mètre à ruban métallique pour précision et notez vos mesures sur papier.

Support intérieur pour stores, toiles et barres de tension

À l'intérieur du dormant de la fenêtre, mesurez la largeur à travers la partie du haut, du centre et du bas. Utilisez la plus petite mesure et arrondissez au 5 mm (1/8 de pouce) le plus près. Mesurez la hauteur de la fenêtre à partir du haut de l'ouverture jusqu'à la pièce d'appui.

Support extérieur pour stores, toiles, corniches, tringles ou pôles à rideaux ou à draperies

Pour couvrir la fenêtre avec l'aménagement choisi, calculez l'espace désiré de chaque côté de la fenêtre et l'espace au-dessus de la fenêtre et en dessous. Ensuite, choisissez l'emplacement du support : sur le cadre de la fenêtre ou sur le mur.

▍ **Les professionnels** recommandent que les stores ou les toiles montés sur un support extérieur dépassent de 5 cm (2 po) de chaque côté du cadre de la fenêtre.

▍ **Déterminez la longueur appropriée de la tringle,** en mesurant d'un support à l'autre. Pour une tringle décorative avec des fleurons, ajoutez 12,7 à 20 cm (5 à 8 po) de chaque côté de la tringle ; la longueur réelle dépend du style de fleuron. Assurez-vous d'avoir assez d'espace de chaque côté de la fenêtre, avant d'acheter la tringle à fleurons.

▍ **Pour une bonne ampleur de rideau,** vous devriez prendre au moins deux fois la largeur de votre mesure d'un support à l'autre pour vos panneaux. Certains styles opulents requièrent une largeur de tissus allant jusqu'à trois fois la mesure d'un support à l'autre.

▍ **Pour déterminer la longueur appropriée** de rideaux et de panneaux de draperie, mesurez à partir de l'emplacement du support jusqu'au haut de la pièce d'appui, jusqu'au bas de la pièce d'appui ou jusqu'au plancher, en tenant compte de la longueur désirée. Si la tête du panneau dépasse au-dessus de la tringle ou de la tige, ajoutez aussi cette mesure à la longueur.

À DROITE Un feston drapé et un jabot en cascade sont taillés sur mesure pour aller devant un coin fenêtres et derrière une arche qui encadre l'espace – et en cache la quincaillerie.

PAGE OPPOSÉE, EN HAUT Des stores en bois sont un choix populaire à cause de leur fonctionnalité, facilité d'entretien et de leur style moderne – mais aussi de leur aspect chaleureux.

PAGE OPPOSÉE, EN BAS Les rideaux qui s'agencent avec le papier peint se fondent avec l'arrière-plan, faisant d'une petite salle de séjour de couleur neutre, paraître plus grande qu'elle l'est réellement.

EN HAUT Des panneaux transparents pendent d'une tringle au-dessus des portes pour faciliter l'accès. La fenêtre en demi-rond est décorative et laissée telle quelle.

Quel est le genre de tissu approprié ?

L'information sur les tissus dans le tableau ci-dessous vous familiarisera avec les utilisations habituelles d'une variété de tissus. Les instructions d'entretien sont de bons conseils, mais pour n'im-porte quel tissu, suivez les instructions de nettoyage fournies par le fabricant. En plus, testez toujours un échantillon de tissus avant de procéder au nettoyage du rideau.

Tissus	Utilisation	Entretien
Batiste : tissu blanc de coton tissé serré ou un mélange de lin avec un aspect brillant sur un côté	Rideaux	Lin : nettoyage à sec préférable Lavage à la main / sécher sur corde / peut rétrécir Coton : lavage à la machine, eau froide / séchage par culbutage à basse température / rétrécisse-ment / peut perdre son lustre
Brocart : un tissu riche en soie, laine, coton, ou une combinaison qui présente un tissé (Jacquard) à motifs	Draperies et ornementation de tissus	Coton : lavage à la machine, eau froide / séchage par culbutage à basse température / rétrécissement Soie : nettoyage à sec seulement Laine : nettoyage à sec seulement
Canevas : rugueux, coton tissé ; peut être lourd ou léger	Rideaux, draperies et stores	Lavage à la machine / eau froide / séchage par culbutage à basse température / rétrécissement
Chintz : coton, tissu d'imprimé continu, souvent flo-ral ; enduit d'une résine qui lui donne de la brillance	Rideaux, draperies et ornementation de tissus	Nettoyage à sec seulement pour maintenir la brillance
Damas : Un tissu fabriqué avec du coton, de la soie, de la laine ou une combinaison de ces fibres avec un satin tissé (Jacquard) à motifs.	Draperies et ornementation de tissus	Voir le brocart
Dentelle : tissu de coton ou coton et polyester présentant des zones pleines de motifs décoratifs	Rideaux, stores et ornementation de tissus	Nettoyage à sec seulement pour certaines den-telles. Lavage à la machine / cycle délicat / sécher sur corde / peut rétrécir
Guingan : étoffe de coton tissé lisse avec carreau ou effets quadrillés	Rideaux, draperies et garnitures	Lavage à la machine / eau froide / séchage par culbutage à basse température / rétrécissement
Lin : une étoffe solide, tirée de la plante du même nom, qui se froisse facilement	Rideaux, draperies et stores	Nettoyage à sec préférable Lavage à la main / rétrécissement
Moiré : tissu d'acétate ou de soie avec un motif ondulé et moiré	Draperies	Nettoyage à sec seulement
Mousseline : coton tissé lisse et de fils fins en blanc ou en crème ; souvent transparent	Rideaux	Lavage à la machine / eau froide / séchage par culbutage à basse température / rétrécissement
Organdi : coton très fin, traité chimiquement pour retenir son crêpage	Rideaux, garnitures et ornementation de tissus	Nettoyage à sec seulement
Satin : étoffe de coton, de lin ou de soie lustrée sur l'endroit à l'envers mat, parfois à l'aspect chatoyant	Draperies, ornementation de tissus	Nettoyage à sec seulement
Soie : un tissu souple et brillant produit par le fil très fin du ver à soie	Draperies, ornementation de tissus	Nettoyage à sec préférable Lavage à la main / sécher sur corde / rétrécissement
Taffetas : étoffe d'acétate ou de soie qui paraît brillante et qui garde sa forme	Draperies, garnitures et ornementation de tissus	Nettoyage à sec seulement
Toile de Jouy : coton ou lin imprimé de scènes pastorales	Rideaux, draperies et ornementation de tissus	Nettoyage à sec seulement
Velours : tissu de coton, soie, polyester ou de rayonne viscose ressemblant à un velours cha-toyant et doux	Draperies	Nettoyage à sec seulement

Pour de l'ampleur, les rideaux devraient être deux fois la

largeur de la fenêtre ||||||||||||||||||||||||||||||||||||||||||||

En installant des tringles à rideaux à la même hauteur sur le mur, vous pouvez « égaliser » les fenêtres qui sont de grandeurs différentes. Cette photo montre bien comment cette astuce trompe l'œil : c'est difficile de le voir, mais la fenêtre à droite est légèrement plus haute que celle à gauche.

Longueur des panneaux de rideaux

Que vous planifiez faire vos rideaux ou de les acheter tout faits, prenez l'habitude de prendre la mesure deux fois lorsque vous essayez de déterminer la bonne longueur des panneaux de rideaux. Pour n'importe quel type d'aménagement léger pour une fenêtre, mesurez dans la hauteur à partir de la position prévue de la tringle, selon qu'elle sera sur le dessus du cadre de fenêtre ou sur le mur au-dessus du cadre de la fenêtre. Des panneaux pleine longueur devraient traîner légèrement à terre ou juste toucher le plancher. Les rideaux de rebord de fenêtre devraient tomber 2,5 à 10 cm (1 à 4 po) sous le rebord de la fenêtre, tandis que les rideaux de fenêtre devraient toucher seulement le dessus du rebord de fenêtre.

Rideau de fenêtre

Rideau de rebord de fenêtre

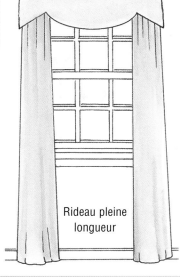

Rideau pleine longueur

PAGE OPPOSÉE Ces panneaux de rideaux ajoutent un motif indispensable à cette pièce. Les anneaux coulissants permettent au propriétaire de les ouvrir et de les fermer facilement.

EN HAUT Une bonne quincaillerie à rideaux est importante. Cette tringle articulée permet à une personne de l'ouvrir et de donner accès à une pleine vue de la fenêtre et davantage.

À DROITE Lorsque l'espace est limité et qu'il est impossible d'installer un rideau pleine largeur, un style asymétrique est la solution. Ce panneau tiré est accroché sur la tringle, et le rideau semi-transparent assure l'intimité de la pièce.

PAGE OPPOSÉE, EN HAUT À GAUCHE L'assemblage non compliqué d'un store romain est idéal pour des tissus de vitrine avec des motifs ornés.

PAGE OPPOSÉE, EN HAUT À DROITE Une superposition permet cette combinaison de stores assombrissants et ajustables avec de longs panneaux de rideaux.

PAGE OPPOSÉE, EN BAS À GAUCHE Les stores en tissu perforé filtrent la lumière sans complètement assombrir une pièce.

PAGE OPPOSÉE EN BAS À DROITE Un store à rouleau avec un mécanisme à ressort est idéal pour une chambre d'enfant, car il n'a pas de corde qui pourrait constituer un risque d'accident.

À GAUCHE Avec ses volants et ses plis, un store ballon ajoute une touche de romantisme qui s'assortit à des panneaux de rideaux pleine longueur.

Stores

Les stores sont une façon intelligente et sophistiquée d'habiller une fenêtre. En plus, ils sont pratiques, car ils aident à restreindre la lumière et comblent les besoins d'intimité. Parce que la plupart des stores rentrent à l'intérieur du cadre de la fenêtre, cela leur confère une allure ajustée. Tandis que d'autres sont fixés au-dessus du cadre de fenêtre.

▌ **Les stores gansés** ont des cordes pour attacher ou pour tirer le tissu vers le haut. Cette gamme inclut les stores ballon avec leurs vagues ondulées ; les stores romains qui remontent en faisant de beaux plis ; et les stores en éventail qui, lorsque relevés, forment un éventail sur le bas.

▌ **Les stores en cellular** ont une conception alvéolaire unique qui agit comme un isolant, en piégeant l'air dans le milieu du store, et selon la saison, il garde l'air chaud à l'intérieur ou à l'extérieur. Ces stores sont faits d'un tissu translucide léger, et ces derniers filtrent la lumière même lorsqu'ils sont baissés.

▌ **Les stores à rouleau** consistent en un morceau de tissu ou de vinyle attaché à un rouleau qui est tiré vers le haut par un mécanisme à ressort.

▌ **Les stores peuvent être finis** avec des bordures décoratives tels qu'une frange, du ruban et de la corde pour embellir votre décor.

Ourlets à feston et courbés

Ourlets géométriques et encochés

Tringle et ourlets encochés

Ourlets frangés, cordés et à volants

Stores et volets

Lorsque les autres aménagements de fenêtre ne procurent pas le style désiré ou que vous avez besoin d'une façon plus polyvalente de réduire la lumière, essayez les volets ou les stores qui sont de bien jolies façons d'habiller une fenêtre. Les stores sont faits soit à partir de métal, de bois ou de PVC et peuvent aller jusqu'à bloquer entièrement le soleil et vous fournir ainsi ce qu'il y a de mieux en tant qu'intimité lorsqu'ils sont fermés. Il fut un temps où ils étaient considérés comme coûteux, mais les versions de dimension normale – en particulier les stores en PVC – sont vendues à un prix raisonnable et offrent une variété d'options. Souvent, des rubans contrastants peuvent être ajoutés pour créer de l'effet. Utiliser seuls les stores procurent un style clair et moderne, ou agencer avec d'autres rideaux ou une cantonnière ils composent une belle fenêtre bien habillée. Les volets sont – habituellement – plus coûteux que les stores parce qu'ils sont essentiellement confectionnés sur mesure pour s'ajuster à l'intérieur du dormant de la fenêtre. Cependant, il existe aussi sur le marché des volets de dimensions normales à prix abordables. Les volets sont faits de bois ou de PVC et ont des lattes qui s'ouvrent et se ferment pour réduire la lumière et conserver l'intimité. Les volets de plantation ont de larges persiennes montées sur un cadre fixe. Les cloisons japonaises, les shojis, présentent une construction de lattis de bois sur du papier translucide. Montées à l'intérieur du dormant de fenêtre, elles filtrent la lumière et offrent de l'intimité lorsqu'elles sont fermées.

Cloisons japonaises

PAGE OPPOSÉE, EN HAUT À GAUCHE Des stores en bois ajoutent de la texture et une ambiance chaleureuse à une pièce.

PAGE OPPOSÉE, EN HAUT À DROITE Des volets installés sur la moitié inférieure d'une fenêtre protègent des regards sans bloquer la lumière naturelle.

PAGE OPPOSÉE, EN BAS À GAUCHE Des stores spéciaux peuvent être fabriqués pour s'ajuster aux fenêtres du toit et aux puits de lumière.

PAGE OPPOSÉE, EN BAS À DROITE Des volets empilés à l'intérieur de cette baie offrent encore plus de flexibilité à la lumière et une meilleure gestion d'air.

À GAUCHE Les stores faits sur mesure sont coûteux, mais peuvent être commandés pour des fenêtres difficiles à ajuster, comme un arc ou une baie vitrée.

AU-DESSUS Un bandeau (une cantonnière étirée par-dessus une bande en bois rembourrée) encadre la vue de cette chambre d'enfant.

PAGE OPPOSÉE Cette cantonnière à chutes adoucit les lignes dures des stores en bois.

Cantonnières **d**istinctes

Les cantonnières qui sont aussi originales que de bon goût peuvent être fabriquées à partir de tissus non traditionnels, tels que des foulards. Si vous choisissez un tissu que vous préférez ne pas couper, drapez-le autour d'une tringle à rideaux. Vous pouvez aussi plier le tissu et l'agrafer sur un support qui s'installe au-dessus de la fenêtre. (Voir le bandeau, plus haut.) Ou si c'est possible, cousez un panneau passe-tringle dans le tissu. Voici d'autres suggestions pour créer une cantonnière originale :

▮ **Suspendez des longueurs progressives** de ruban de gros-grain large et épais côte à côte sur une tringle de manière à ce que les bords inférieurs des rubans créent une belle forme.

▮ **Pliez et drapez** un châle frangé, sur une tringle, les pointes vers le bas.

▮ **Attachez des cordes** de perles ou de coquillages sur les bouts d'une tringle, et drapez-les à travers la fenêtre.

▮ **Utilisez des pièces entières ou partielles** pour créer une cantonnière, tels que du linge de maison ancien ou en dentelles qui ont de la broderie, des monogrammes, de la broderie blanche décorative ou des garnitures faites à la main. Quelques choix populaires incluent la nappe en dentelle ou un coupon. En ce qui concerne les fenêtres étroites, vous pourriez considérer les taies d'oreillers, les linges de vaisselle ou les essuie-mains, et, pour les fenêtres larges, la partie supérieure d'un drap plat brodé ou à bordure ajourée. Plusieurs autres sortes de linge de maison ou de serviettes de table en coton ou de napperons font également de charmantes cantonnières en les superposant sur une tringle, les pointes vers le bas.

Quincaillerie

La quincaillerie – tringles, pôles, anneaux, têtes de rideaux et les patères – est un élément important, pratique et souvent décoratif qui se doit d'être pris en considération lorsque vous choisissez votre aménagement de fenêtre. Certaines tringles sont cachées derrière une multitude de plis de rideaux ou d'autres glissent à travers un simple voilage placé le long du haut de la fenêtre. D'autres valent la peine qu'on les montre, soit à cause de leurs détails ornés ou de leur couleur et texture contrastante. La version appropriée pour votre pièce dépend de votre goût. Si vous vous payez des tringles de fantaisie, mettez l'accent sur ces dernières avec des aménagements de fenêtre complémentaires. Ou dans le cas d'un simple panneau de rideau, laissez le style ou la finition de la quincaillerie créer tout l'effet. Sur le marché, aujourd'hui, on retrouve des pièces de quincaillerie décoratives exceptionnelles qui comprennent des formes dans différents types de métal, de verre, d'émail et de bois en finis brillant, mat ou antique.

C'est aussi vrai pour les patères, les tiges, les pinces et les anneaux. Considérez ces accessoires comme des bijoux pour vos fenêtres, en les utilisant pour accentuer l'habillage de celles-ci avec un trait d'élégance en couleur et en éclat. Une simple règle à se rappeler pour conserver l'uniformité : choisir le même fini pour les patères, les tringles, les anneaux ou toutes autres pièces de quincaillerie qui se voit.

Accentuer les fenêtres avec des tringles et des anneaux décoratifs

EN BAS Une fenêtre ordinaire est transformée en un pôle d'attraction lorsque des supports de fantaisie à fleurons sont utilisés pour créer une cantonnière à festons à la verticale.

À DROITE Des anneaux à rideaux et une tringle au fini chromé satin représentent une façon tendance de rénover le style des aménagements de fenêtres.

PAGE OPPOSÉE, EN HAUT À GAUCHE Une tringle en bois peinte sans prétention en blanc est très jolie avec le motif des noeuds carreautés du rideau.

PAGE OPPOSÉE, EN HAUT À DROITE Des embouts en verre transparent accentuent ce design attrayant.

PAGE OPPOSÉE, EN BAS De lourds panneaux nécessitent de la quincaillerie robuste comme cette tringle en bois, laquelle a été vernie d'un ton foncé pour s'agencer avec le mobilier de la pièce. Des accents dorés ajoutent de la magnificence à cette dernière.

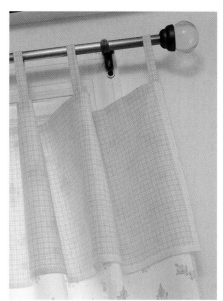

Murs

Les murs sont les plus grands éléments structuraux dans une pièce, et par le fait même ils ont le potentiel d'avoir le plus grand impact sur votre décor. Alors qu'il y a deux choix classiques pour la décoration des murs – le papier peint mural et la peinture – l'assortiment d'options et la polyvalence de chacune d'elles sont aujourd'hui presque sans limites. Les revêtements muraux incluent des papiers présentant de petits motifs, des peintures murales, des textures naturelles et des faux-finis. Lorsque vous voulez ajouter de l'effet à une pièce, mais que vous préférez que votre mobilier dégage une sensibilité plus neutre et intemporelle, recouvrez vos murs avec un papier peint digne d'intérêt. Ne négligez pas l'idée du lambris peint ou verni, et ce, surtout pour des intérieurs de style traditionnel.

La peinture est le traitement mural le plus populaire. C'est facile à appliquer, simple à changer, le moins coûteux et l'option la plus rapide pour transformer le style d'une pièce. Lorsque le mobilier et les accessoires sont tarabiscotés, l'application d'une couleur neutre constituera un arrière-plan posé. Pour rehausser le potentiel d'une pièce qui ne présente guère d'intérêt architectural, peindre les moulures ou un mur accent d'une couleur contrastante.

N'oubliez pas le plafond. Peignez-le d'un blanc décoratif ou d'une teinte de bleu le plus pâle pour élever visuellement la pièce. Installez des panneaux décoratifs qui ressemblent à de vieux plafonds d'étain ou à du papier embossé ou des carreaux. Pour attirer le regard vers le haut, installez une bordure de papier peint juste sous le plafond. Ou pour un geste décoratif plus audacieux, allez-y pour une peinture murale au plafond.

EN HAUT Certaines personnes répugnent à peindre les murs avec des teintes foncées, par contre, cela contribue à l'ambiance chaleureuse d'une pièce et en fait ressortir les accessoires et les boiseries.

À GAUCHE Inspiré par la lumière naturelle, un glacis teinté ambre a été appliqué sur les murs avec un chiffon pour simuler une texture.

PAGE OPPOSÉE La formalité et la sobriété ont guidé la décoration de ce petit salon : un choix subtil de murs dorés pour une ambiance feutrée. Une décoration peinte à la main y ajoute une riche allure. Elle est répétée dans le médaillon qui embellit le plafond et attire l'attention sur le lustre.

AU DESSUS Un couloir ordinaire est transformé par un mur peint de pierres rustiques.

EN HAUT À DROITE Les murs de cette chambre à coucher sont peints avec un peigne pour créer un effet strié. Les boiseries peintes en blanc sont éclatantes sur ce bleu pâle.

À DROITE Du papier peint d'époque associé à une boiserie foncée ajoutent de l'âge à cette bibliothèque tout en intensifiant le raffinement du décor.

▌▌▌ Envelopper une pièce de couleur, contraste, texture et motif ▌▌▌▌

EN HAUT Un papier peint en vinyle texturé ressemble à un tissu tissé, mais en beaucoup moins délicat.

À GAUCHE Les murs délavés peints selon la technique française exigent de l'attention.

À GAUCHE Ici un papier peint ton sur ton présente subtilement le motif aux murs.

À GAUCHE ET EN HAUT Des oiseaux et des vignes peints à la main sur les murs de ce solarium procurent une sensation d'être à l'extérieur.

À GAUCHE ET EN BAS Ces copies d'anciennes estampes qui sont découpées et appliquées au mur pour s'agencer avec l'enca-drement de celles-ci ajoutent un côté rafraîchissant. Cette ancienne technique implique que l'on colle des images de papier sur une surface et qu'on y applique une couche de verni transparent.

Faux-finis

La popularité croissante du finissage à l'éponge, du pochoir, du trompe-l'œil et du pointillage et de bien d'autres faux-finis s'explique par le fait que cette technique offre une façon facile et non coûteuse d'ajouter de la personnalité à une pièce. Certains finissages, comme le trompe-l'œil, requièrent l'expertise d'un artiste professionnel, tandis que d'autres sont plus faciles à appliquer. Si vous voulez en essayer un, commencez en premier par vous pratiquer sur une planche. Même l'application d'un simple verni peut nécessiter des directives que vous trouverez dans un livre spécialisé. Le finissage à l'éponge produit une surface hautement texturée avec un grand effet de profondeur visuelle, ce qui est parfait pour un mur avec des imper-fections à cacher. La technique nécessite deux couleurs. Une couleur est utilisée comme couche de fond. La deuxième est appliquée par-dessus avec une éponge, par petites touches, pour créer un aspect de texture marbrée. La méthode au chiffon est similaire à celle de l'éponge, sauf qu'on utilise un tissu en ouate ou non pelucheux. La méthode du peigne implique qu'on traîne un peigne, une brosse ou tout autre outil sur une fraîche couche de peinture qu'on vient d'appliquer pour révéler la couleur complémentaire du fond. Le pochoir est fait à l'aide d'un stencil précoupé pour créer un motif stylisé. Et le trompe-l'œil est une forme de peinture sophistiquée qui paraît telle-ment vraie, qu'on comprend mieux pourquoi « il trompe l'œil ».

EN HAUT ET À DROITE Une salle de bain de maîtres utilise la texture pour délimiter différentes surfaces toutes blanches. La plus intéressante est celle du lambris craquelé qui est pro-duite grâce à une technique qui vieillit une surface pour la faire ressembler à une peinture sèche et craquelée comme celle des vieilles maisons.

Un mur est une toile vierge pour une peinture murale

À GAUCHE Cette scène de jardin réaliste est une charmante toile de fond dans un solarium. Les accessoires tels que les chaises et la table bistro renforcent l'impression d'être à l'extérieur.

Idée de génie
Œuvres d'art à recruter

Les peintures murales réalistes et les trompe-l'œil sont des techniques qui requièrent beaucoup de précision. Il est donc préférable de laisser ce travail aux professionnels. Un décorateur pourra vous proposer des personnes-ressources. Ou encore, renseignez-vous auprès des écoles ou des collèges d'arts si un étudiant est en mesure de faire le travail à un prix raisonnable.

EN HAUT, AU MILIEU ET À DROITE De colorées vignettes en présence d'un ciel bleu animent agréablement cette pièce. C'est une façon de faire durer le printemps toute l'année.

Bien que les planchers soient sous nos pieds, ils ne passent pas nécessairement inaperçus. De toutes les surfaces, les planchers sont ceux qui sont les plus malmenées, donc ils doivent être durables tout en conservant leur allure attrayante. Un élément de design aussi crucial requiert une attention soignée.

Planchers

Le bon revêtement de sol ainsi que le parement influencent et renforcent l'agencement des couleurs de l'ensemble ainsi que le style de l'aménagement intérieur. Il peut être difficile de vivre avec le mauvais choix de plancher soit parce qu'il manque d'esthétisme ou simplement parce qu'il n'est pas approprié au flot de circulation de la pièce.

Comme pour les choix de peinture, il y a plusieurs options pour le recouvrement de plancher : le bois, le stratifié, le tapis, les carreaux pour plancher, le revêtement en vinyle, les pierres et même le linoléum, lequel a été réintroduit récemment dans le marché. Parce qu'il est très onéreux de changer le revêtement de sol, il est prudent de baser votre décision non seulement sur son apparence, mais aussi sur la durabilité et l'entretien. Par exemple, vous pourriez aimer l'apparence moderne et absolue d'un tapis tout blanc, mais si vous avez des enfants et des animaux domestiques, ce n'est pas particulièrement pratique. Dans ce cas-ci, vous aurez besoin de quelque chose qui ne laisse pas paraître la saleté et qui résistera mieux à l'usure. Si vous aimez l'ambiance chaleureuse du bois, mais ne pouvez acheter un plancher en bois, jetez un coup d'œil au bois stratifié, qui est moins cher, qui ne nécessite pas beaucoup de soin, mais qui a une durée de vie de 15 ans. D'autres facteurs demandent réflexion, à savoir la vocation de la pièce et la façon dont le matériau que vous choisirez s'agencera avec votre concept design. Gardez un plancher simple, si le tissu ou les murs ont beaucoup de motifs. Si c'est l'inverse, égayez une pièce avec un tissu imprimé audacieux et ajoutez de la texture avec une carpette ou une moquette de velours noueux.

Lorsque vous réévaluez vos options de revêtement de sol, rappelez-vous que certains d'entre eux peuvent être mélangés et créer une variation de design intéressant qui combine des matériaux coûteux et d'autres moins. Par exemple, des planches de bois peuvent être bordées de bandes de carreaux de céramique ou de bordures de pierres de tout premier ordre, ce qui offrirait une structure hors de l'ordinaire pour un passage de tapis à un prix relativement bas.

À DROITE Les propriétaires de cette maison ont choisi un audacieux motif à losanges teint à trois tons pour habiller de vieux planchers de bois.

IIIIIII Créativité sous les pieds IIIIIIIIIIII

À GAUCHE Veillez à appliquer les motifs peints ou faits au pochoir avant la couche de finition pour ainsi les protéger.

EN HAUT Les planchers en bois lamifié ont l'air d'authentiques planches de pin, mais peuvent être utilisés dans des endroits humides comme cette salle de bain.

EN BAS Un plancher de bois rustique paraît bien devant le foyer en pierres. Le bois est résistant à l'usure, mais il requiert une remise à neuf périodique.

Idée de génie

Tracé à la main

Ce motif en spirale est un simple dessin qui peut être tracé à la main sur le bord d'un plancher de bois ou pour créer un cadre quelque part au milieu de celui-ci. Il délimite l'espace et élimine le besoin d'une carpette décorative. Pour avoir des idées de motifs, observez la pièce pour d'autres thèmes.

Bois – rustique ou raffiné

Les planchers de bois sont depuis toujours le revêtement de sol préféré, en partie à cause de leur durabilité, mais aussi à cause de leur ambiance chaleureuse. Le bois peut être teint en usine ou sur mesure et il est offert en lattes de 2,5 à 25 cm (1 à 10 po) de large, un choix que vous ferez en tenant compte de votre budget et de vos goûts. Un plancher parqueté est une autre option, il comprend des pièces de bois soigneusement placées en différents motifs. Les deux types de revêtements de sol peuvent être achetés en paquets de préfinis, une solution de rechange raisonnable par rapport à leurs homologues faits sur mesure.

Les différents types de bois utilisés pour le revêtement de sol sont grands, et leurs prix varient grandement par rapport au type, à la qualité et au design. Le pin et le sapin, des bois mous sont souvent utilisés pour faire des planchers bouvetés ordinaires. Ces planchers sont moins coûteux que ceux faits en bois franc, mais ils sont aussi moins durables. Le bois mou n'est pas recommandé pour des aires où les allées et venues sont nombreuses, ni pour les pièces où

le mobilier est lourd ou encore pour les cuisines et les salles à manger où les chaises ou les autres meubles sont constamment tirés sur la surface du plancher. Le bois franc, comme l'érable, le bouleau, le chêne et le frêne ne s'useront pas pour autant si l'utilisation est normale. Un plancher de bois franc n'est pas indestructible; cependant, il résistera à l'utilisation exigeante de tous les jours.

Le bois est classé d'après sa couleur, son grain et ses imperfections. La plus haute qualité est connue sous le terme, sans défaut, suivi par catégorie choix: n° 1 commun, n° 2 commun et qualité cabine. Les teintures pour les planchers de bois peuvent être utilisées pour augmenter la couleur naturelle du bois ou selon vos préférences, pour pâlir ou foncer la couleur naturelle. Les teintures claires sont à leurs meilleur dans un style sans cérémonie et pour créer une impression d'ouverture et faire qu'une petite pièce ait l'air plus grande. Quant aux teintes foncées, elles donnent une sensation d'intimité et réduisent l'immensité visuelle d'une grande pièce. Elles sont également appropriées pour un décor traditionnel.

Céramique et pierre

Tout comme le bois, la céramique et la pierre sont utilisées depuis longtemps comme matériaux de recouvrement de sol. Avec toutes ces utilisations modernes, il est facile d'utiliser ces matériaux de finition dans n'importe quelle pièce. La beauté de ces deux matières, c'est que ces carreaux pour plancher peuvent s'agencer pour créer de minutieux motifs et ils sont littéralement indestructibles. Ils offrent également une richesse de couleurs et sont faciles à entretenir. Toutefois, tous les deux sont froids sous les pieds, et bruyants lorsqu'on y marche avec des souliers à semelles dures, et ils ne sont pas du tout résilients.

Les carreaux de céramique sont en fait de l'argile cuite et sont un excellent choix pour les endroits où il y a beaucoup de va-et-vient et dans les pièces où la résistance à l'humidité et aux tâches est requise. Les carreaux de céramique sont offerts dans une variété de grandeurs, en version mosaïque de 2,5 cm (1 po) carrée jusqu'à des dalles carrées de 40,6 x 40,6 cm (16 x 16 po). Lorsque les carreaux de céramique sont cuits, ils peuvent être brillants ou mats, avec une surface texturée lisse ou ondulée. Les carreaux de céramique ont une surface dure, typiquement colorée, laquelle est appliquée durant la cuisson. La céramique non vernie, comme la Saltillo ou les carreaux de carrière ont un fini mat et sont poreux et doivent être scellés pour prévenir les tâches. Assurez-vous que le carreau de céramique que vous installez sur votre plancher est bien destiné à cet effet. Par exemple, les carreaux de céramique très vernis sont trop glissants pour un usage extérieur.

Les pierres ont une irrégularité rustique et une variation de couleurs aléatoires qui font que leur beauté naturelle est sans pareille, même par le meilleur expert en faux-fini. Par contre, malgré le caractère unique de la pierre, ce matériau est au moins deux fois et même parfois plusieurs fois le prix des carreaux de céramique. Le marbre, le granite, les pierres des champs coupées au hasard, l'ardoise, la brique, les dalles en terrazzo et le calcaire sont tous très beaux et peuvent ajouter de la valeur et de l'élégance à votre demeure. Mais s'ils sont trop coûteux, pensez à la versatilité et aux possibilités de design qu'offre le béton. On est loin du gris terne, de nouvelles teintes de couleurs et des motifs d'incrustation dans le béton sont dynamiques.

Les planchers aussi peuvent être branchés

À GAUCHE Les dalles d'ardoise gris foncé ont l'air élégantes et raffinées dans cet environnement. Elles s'agencent joliment avec les carreaux de verre bleu vert sur le mur derrière la baignoire.

PAGE OPPOSÉE, EN BAS À GAUCHE Bien qu'il ait été utilisé dans les aménagements intérieurs depuis des siècles, le marbre garde encore aujourd'hui une allure fraîche et tendance.

PAGE OPPOSÉE, EN BAS À DROITE De jolies insertions de verre opalisé, couleur terre d'ombre, font vibrer ces magnifiques carreaux de porcelaine.

Idée de génie
Des pierres dans la maison

Dans un plan à aire ouverte, il est important que le revêtement de sol offre une transition en douceur d'une pièce à l'autre. Des pierres classiques de couleur neutre donnent une apparence somptueuse à ce hall d'entrée tandis qu'elles se fondent subtilement dans la salle de séjour.

EN HAUT Créez de l'effet en étalant une variété de grandeurs, de couleurs et de sortes de carreaux. Des carreaux d'ardoise, de céramique et de verre ont été utilisés pour cette composition.

Adoucissez l'espace

Idée de génie
Le canevas gagne

Les canevas peints sur toiles couvre-plancher sont une solution de rechange moins coûteuse aux tapis délicats, et la technique est tellement simple que des débutants peuvent s'y essayer. Lorsque la partie peinte est sèche, plusieurs couches de polyuréthane devront être appliquées comme protection.

EN HAUT Une œuvre d'art sous vos pieds – c'est la beauté d'une toile couvre-plancher peinte. Peignez-en pour agencer aux autres éléments de la pièce. Si le dessin à la main n'est pas votre force, utilisez un pochoir.

EN HAUT À DROITE Les chemins de couloir de couleur neutre sont idéals pour les petits espaces, comme ce palier et les couloirs étroits accessibles et éclairés.

À DROITE Un chemin de couloir audacieusement fleuri et coloré est une excellente façon de mettre de la vie dans ce long corridor étroit.

Moquettes et carpettes

Les moquettes sont un choix populaire comme recouvrement de sol. Ils apportent une certaine douceur aux planchers qui ne peut être simulée par aucun autre matériau de couvre-plancher. La moquette est le terme utilisé pour désigner de larges pièces de recouvrement de sol qui est habituellement installé mur à mur. Les carpettes sont considérées comme un couvre-sol mou. Elles ne sont pas mur à mur et peuvent être utilisées par-dessus toute surface de plancher fini. Toutes les deux sont toutefois fabriquées des mêmes types de matériaux.

Le choix d'une moquette ou d'une carpette représente une décision importante, en partie à cause de la différence dans la composition des fibres, la construction, la couleur, la texture et le prix. La moquette peut être faite à partir de laine naturelle, de fibres synthétiques, ou de mélanges de laines et de fibres synthétiques. Les carpettes sont aussi fabriquées avec ces matériaux, mais peuvent aussi être faites de coton ou de matériaux végétaux comme le chanvre, le jute, le sisal ou de graminées. La méthode de fabrication la plus durable est celle de la moquette tissée, tandis que le tapis obtenu par flocage est de construction moins durable, car c'est un processus qui colle le bout des courtes fibres à l'endos du tapis. La durabilité des moquettes touffetées, aiguilletées et tricotées se situe quelque part entre ces deux méthodes.

La sensation que procure la moquette ou la carpette dépend de ses « touffes », ou de sa surface. Un velours bouclé laisse les bouclettes des touffes intactes lorsque le tapis est relié à l'endos du tapis. Le velours coupé a des boucles de fils coupés. Les tapis en velours bouclé rasé sont une combinaison de boucles coupées et non coupées. Le tapis berbère est en velours à courtes boucles, tandis que le tapis à longs poils présente un velours à longues boucles.

Qu'est-ce qui convient à vos besoins? Si vous avez des enfants, des animaux domestiques ou des adultes prédisposés aux accidents dans la maison, recherchez quelque chose qui est résistant à l'usure et aux tâches. Assurez-vous que la protection antitache est appliquée à l'usine pour qu'elle soit ainsi permanente. Sinon, chaque fois que vous aurez à nettoyer la moquette ou à traiter les tâches vous devrez réappliquer un antitache.

EN HAUT À DROITE Une moquette mur à mur de couleur neutre est un choix tout indiqué pour une salle de séjour moderne, surtout si vous aimez paresser sur le plancher.

À DROITE Dans ce bureau, une moquette rayée colorée accentue les solides lignes des bibliothèques, des fenêtres et du plafond à caissons et lui conserve une allure simple.

4

Les pièces où votre famille et vos amis se réunissent devraient offrir une atmosphère qui est aussi confortable qu'invitante. Mais la fonctionnalité de ces pièces est aussi importante. Les places pour se réunir ont souvent plusieurs vocations, donc elles doivent avoir fière allure lorsqu'elles servent à plusieurs activités. Par exemple, la salle familiale peut aussi servir de pièce pour l'utilisation de l'ordinateur, de la télévision et de la chaîne stéréo. Et une salle de séjour pourrait être utilisée autant comme un endroit agréable pour relaxer que comme une salle à manger. Ce chapitre se concentre essentiellement sur les façons créatives de mettre en valeur le style et la fonctionnalité dans vos espaces d'habitation.

Endroits pour les réunions familiales

▌ salles de séjour ▌ salles familiales ▌
▌ salles de jeux ▌

Des espaces à aires ouvertes et multifonctionnels conviennent au style de vie décontracté d'aujourd'hui. Ici, la circulation entre la cuisine et la salle à manger permet de recevoir des invités plus facilement.

Salles de séjour

Traditionnellement, les salles de séjour étaient utilisées comme espaces solennels seulement pour recevoir les invités ou comme pièces supplémentaires lors des réunions des familles nombreuses. Cependant, aujourd'hui, les propriétaires ont souvent besoin de toutes les pièces de la maison pour satisfaire les besoins de leur famille sans cesse changeants. Pourtant, ce n'est pas parce que les salles de séjour sont plus imposantes qu'elles doivent être nécessairement interdites aux réunions familiales. Une bibliothèque, un espace de jeu pour enfant, une salle à manger et même un bureau à la maison peuvent faire partie des autres fonctions de votre salle de séjour. Le style de la salle de séjour est habituellement le fil conducteur pour la décoration intérieure du reste de la maison. Et ce, parce que plusieurs décorateurs commencent un projet de décoration par la salle de séjour, pour ensuite répéter le thème, les couleurs ou les autres éléments décoratifs dans les autres pièces de la maison. Si vous avez dans votre maison une salle familiale, alors votre salle de séjour sera la plus luxueuse des deux, sans qu'elle soit inconfortable et guindée pour autant. En fait, une pièce qui offre une ambiance agréable et des fauteuils confortables – indépendamment du style – fera en sorte que vos invités s'y sentiront à l'aise et les membres de la famille détendus. Si la salle de séjour est la seule place pour vous réunir, assurez-vous de mettre en évidence vos souvenirs et des photos de famille dans une vitrine à cet effet pour ainsi personnaliser l'espace.

Que vous réserviez normalement la salle de séjour pour recevoir des invités ou que vous l'utilisiez tous les jours, meublez-la confortablement. Éloignez le mobilier des murs et gardez les pièces modulaires ensemble pour ainsi créer des aires pour les conversations intimes, des espaces pour regarder la télévision ou encore un coin tranquille pour la lecture. Si vous sentez le besoin de créer des séparations distinctes entre les espaces, utilisez des paravents, des carpettes ou des bibliothèques.

PAGE OPPOSÉE Le mobilier définit les espaces à l'intérieur d'une grande pièce. Le sofa et la causeuse créent une aire de conversation, tandis que l'armoire accueille un bar.

AU DESSUS Choisissez un meuble à double fonction. Un pouf peut servir autant de table à café que d'une place supplémentaire pour s'asseoir. Une console derrière la causeuse offre du rangement et une surface plane pour y déposer un verre ou un plateau de canapés.

À DROITE Dans une grande pièce, prenez garde de succomber à la tentation de décorer chaque espace différemment. Disposez plutôt les meubles d'après leurs fonctions, mais unifiez l'espace avec des tissus qui s'agencent avec les rideaux et les coussins, une carpette qui détermine la disposition des fauteuils et un agencement de couleurs pour l'ensemble.

PAGE OPPOSÉE Un paravent miroir dans le coin aide à amplifier visuellement la grandeur de la pièce en réfléchissant la lumière et les couleurs. De petites chaises et des poufs en cuir peuvent facilement être réarrangés pour de grandes fêtes ou des réunions intimes.

EN HAUT L'objet le plus gros et le plus foncé de la pièce, un piano à queue, est sans contredit le point d'attraction de la pièce.

EN BAS Un passage derrière des chaises permet aux gens d'accéder au solarium adjacent lorsque la salle de séjour devient bondée de monde.

Fonction, forme et pôle d'attraction

Idée de génie
Flexible et sensé

Le mobilier de grand format peut surcharger les petites pièces. Alors, optez plutôt pour plusieurs petits meubles d'allure mince aux lignes bien délimitées, c'est un truc de décorateur qui arrive à créer plus d'impact qu'un seul gros meuble et qui donne lieu à un style coordonné et moderne.

5 conseils de beauté pour la salle de séjour

La décoration ne devrait surtout pas vous décourager. Essayez ces conseils qui ont fait leurs preuves – les mêmes que les professionnels utilisent – pour relever le potentiel de votre salle de séjour.

▌ **Créer des coins de conversation.** Pour éviter de créer un vide lorsque les meubles sont trop distancés les uns des autres, rapprochez les meubles en les décollant des murs pour ainsi créer des aires intimes pour s'asseoir.

▌ **Implanter l'aménagement.** Lorsqu'une pièce remplit deux fonctions, assurez-vous que chaque espace soit distinct de l'autre en identifiant chacun d'eux avec une carpette. Ce faisant, vous donnez un périmètre défini à chaque aire, ce qui apporte de l'ordre dans votre aménagement et vous permet de conserver l'harmonie du mobilier.

▌ **Faites attention à l'encombrement.** Groupez les objets semblables tels des collections et des encadrements, trouvez du rangement pour les appareils audiovisuels et l'ordinateur, et jetez des revues. En agissant de cette manière, vous épurez votre décor et vous faites en sorte que la pièce paraisse comme si elle était plus grande.

▌ **Apportez une continuité dans la couleur.** Résistez à la tentation d'utiliser différentes couleurs pour toute la maison. Établissez une continuité en adoptant une ou deux couleurs dominantes; ensuite, disposez des accessoires de couleurs complémentaires.

▌ **Lire entre les lignes.** Chaque pièce peut être réduite à des lignes. Pour empêcher votre concept de décoration de paraître inégal et mal assorti, disposez votre mobilier et vos œuvres d'art à des hauteurs différentes. Unifiez les formes inhabituelles des fenêtres en accrochant des rideaux à partir de la même ligne ou du même point au mur.

PAGE OPPOSÉE ET EN HAUT Dans une grande salle de séjour, chaque espace pour s'asseoir possède sa propre personnalité, même si les choix de couleurs sont similaires pour chacun. Le divan jaune dans l'espace conventionnel (page opposée) fait partie de la même famille de couleurs que l'agencement de fauteuils du genre décontracté (en haut). Les deux couleurs complémentaires, le rouge et le vert, se trouvent dans les deux agencements. L'idée de garder les meubles à la même hauteur produit un effet d'unification parmi les fauteuils qui meublent la pièce.

À GAUCHE Lorsqu'ils ne sont pas utilisés, il est possible de cacher l'équipement électronique derrière la devanture de cette armoire et de ces tiroirs faits sur mesure. Des tablettes de chaque côté offrent aussi un espace de rangement.

PAGE OPPOSEÉ EN HAUT Les pièces qui s'ouvrent l'une sur l'autre peuvent avoir des points d'intérêt et c'est alors que la ligne visuelle devient si importante. Ici, la salle de séjour a une vue directe dans la salle à manger, où il est impossible de ne pas remarquer le lustre.

PAGE OPPOSÉE EN BAS Dans la même maison, cette scène est celle du point de vue de la salle à manger. La grande armoire attire l'œil dans l'espace environnant.

EN BAS Les formes architecturales sont souvent des points d'intérêts – par exemple, un imposant foyer. L'escalier et le casier de rangement encastré sous ce dernier attirent également l'attention.

EN BAS À DROITE La vue qu'on a en entrant dans la pièce et au travers des portes françaises est des plus invitantes.

Points d'intérêt et angles de vision

Chaque pièce bénéficie d'un pôle d'attraction. Lorsque vous entrez dans une pièce, votre regard bouge d'un endroit à l'autre jusqu'à ce qu'il trouve une place pour s'arrêter. Si vous n'avez pas de pôle d'attraction, votre regard continue de circuler et votre décor donne l'impression d'être chargé et envahi.

Certains points d'intérêt attirent davantage l'attention, par exemple, un foyer et une armoire encastrée ou une fenêtre panoramique. Toutefois, on peut créer de l'effet dans une aire principale avec un meuble décoratif, tels une bibliothèque, un meuble de rangement mural, une grande table à café, une peinture qui attire l'œil, un luminaire éblouissant ou même l'éclairage lui-même, qu'il soit décoratif ou en accent.

Après avoir établi un centre d'intérêt, assurez-vous que la pièce offre une ligne visuelle sans aucune obstruction. Voici les lignes visuelles qui nous intéressent : celles qui interviennent lorsqu'on entre dans une pièce ou qu'on en sort, et celles d'un observateur sur un objet. Observez ce que vous voyez lorsque vous passez le seuil d'une porte. Aussi, il est essentiel que vous laissiez un espace visuel libre lorsque vous installez votre mobilier et vos accessoires. Une pièce n'aura aucun intérêt et paraîtra incongrue si elle est trop chargée d'accessoires, de pièces de mobilier non appariées et d'un éclairage obstrué. Les lignes visuelles font en sorte d'attirer le regard sur un assemblage et permettent de voir le pôle d'attraction.

Comme le nom l'indique, une salle familiale est l'endroit où les familles passent du temps ensemble à relaxer. Mais avant tout, une salle familiale doit révéler le style de vie de la famille. L'espace de vie d'un couple de professionnels variera énormément par rapport à une pièce conçue pour une famille avec de jeunes enfants. Et c'est la même chose en ce qui concerne la personnalité. Une famille qui reçoit beaucoup

Salles familiales

aura une pièce totalement différente de celle des familles qui utilisent la salle familiale pour relaxer.

Une attention spéciale doit être apportée aux grandes pièces – les salles familiales et les cuisines comprises dans la même aire ouverte. Voyez à les agencer, mais créez aussi une séparation visuelle. Ce qui peut être fait en plaçant le mobilier de la salle familiale dos à la cuisine ou en alternant des matériaux. Utilisez des carreaux de céramique sur le plancher de la cuisine et du bois franc dans la salle familiale, ou mettez du bois franc sur toute la grandeur et groupez l'ameublement de la salle familiale autour d'une carpette.

La couleur est toujours importante dans les espaces d'habitation. Pour alimenter votre inspiration, fiez-vous aux meubles rembourrés – l'élément décoratif le plus difficile à changer – pour vous aider à choisir vos couleurs pour les murs, les rideaux et les accessoires. Le choix du mobilier est l'élément clé. Les sièges devraient être confortables et durables, surtout s'ils sont utilisés sur une base journalière. Les tables, pour être faciles d'accès, devraient être placées de manière appropriée à côté des chaises, en face ou en arrière d'elles. Un éclairage approprié est primordial. Mettre en place des luminaires adaptés pour un éclairage direct dans les espaces réservés à la lecture, aux jeux ou aux mots croisés. Mais n'oubliez pas d'installer des gradateurs sur toutes les sources de lumière de manière à ce que vous puissiez ajuster l'intensité lorsque vous regardez la télévision. Toujours inclure un ou deux meubles de rangement.

PAGE OPPOSÉE, EN HAUT L'élégance de l'ameublement et des accessoires ornementés de cette salle familiale sont atténués par l'agencement des couleurs chaudes et invitantes et par l'aménagement détendu du mobilier.

PAGE OPPOSÉE, EN BAS Les salles familiales sont des pièces parfaites pour exprimer votre personnalité. Ici, un foyer en pierres devient un arrière-plan chaleureux où s'étalent des rangées d'accessoires – un style qui serait peut-être chargé pour une salle de séjour traditionnelle, mais qui donne à une salle familiale cet air intime et cette sensation de pièce habitée. Des placards qui encadrent le foyer dissimulent le matériel électronique et technologique.

AU DESSUS Plus grande est la salle familiale, mieux c'est. L'espace supplémentaire permettra de créer des aires séparées de divertissement pour les activités récréatives de la famille : jouer au billard, faire des casse-têtes, regarder la télévision ou lire.

I I I I I I I I Rangement discret pour l'électronique I I I I I I I I I I I I I I I I I I

EN HAUT À GAUCHE Un arrière-plan élégant pour une salle familiale au cachet artistique où une armoire à panneaux est aménagée pour recevoir et dissimuler un téléviseur et d'autres équipements de technologie.

EN HAUT Sur le côté opposé de la pièce, le foyer est le pôle d'attraction, et les fauteuils qui l'encadrent permettent de regarder la télévision.

À DROITE Dans une autre salle familiale, le téléviseur est placé dans un placard encastré, ce qui élimine le besoin de mobilier amovible.

Idée de génie

Ouvrir et fermer le boîtier

Au-dessus du foyer, la niche du téléviseur est dissimulée par un faux panneau. Lorsque le téléviseur est éteint, une peinture qui pend sur le panneau ajoute ainsi une touche de réalisme à ce camouflage tout en étant le complément du foyer.

Foyers

Autrefois, le foyer était une nécessité dans une maison, au cours des dernières années il a évolué au point de devenir une commodité raffinée. En fait, toute pièce embellie par la présence d'un foyer, que ce soit la salle de séjour, une chambre ou la cuisine, devient le fier acquéreur d'un pôle d'attraction qui domine la pièce avec grand respect. Qu'ils soient vieux ou nouveaux, les foyers ajoutent une ambiance chaleureuse à la pièce.

Si votre foyer comprend seulement la partie rectangulaire qui comporte un appareil de chauffage où a lieu la combustion et de son âtre, vous avez un genre minimaliste. Les lignes pures n'interfèrent en rien avec les autres caractéristiques design de la pièce et de plus, il ne comprend pas de tablette de cheminée avec tous ces accessoires distrayants. Si vous préférez un style plus traditionnel, ajoutez un manteau de foyer qui peut servir à habiller l'espace. Certains d'entre eux ne sont qu'une tablette de bois horizontale au-dessus de l'ouverture du foyer. Tandis que d'autres se distinguent par leur boiserie détaillée et leurs montants de fantaisie qui servent de supports et qui encadrent les côtés du foyer.

Les foyers sont faits à partir d'une variété de matériaux, en particulier de briques. Vous pouvez aussi opter pour des pierres, des carreaux, du marbre, du béton et du stuc ; ces matériaux sont habituellement choisis en fonction du style de votre maison. Toutes ces matières sont durables et peuvent être appliquées de manière à produire une panoplie illimitée de designs et de finis.

Si vous utilisez souvent un foyer qui chauffe au bois, gardez les accessoires comme le tisonnier, les pelles et le bac à bois à proximité, pour plus de commodité. Toutefois, si vous l'utilisez rarement, par exemple pendant l'été, entassez du bois à l'intérieur du foyer pour créer un effet, ou utilisez-le comme une place originale pour mettre en évidence des objets comme des paniers, des plantes, des fleurs séchées et des chandelles.

AU DESSUS Un foyer en pierres empilées a besoin d'une tablette de cheminée robuste pour équilibrer la partie massive et rectangulaire de l'appareil de chauffage.

À DROITE Le marbre est le choix classique comme entourage de foyer. Celui en bois s'agence avec les armoires qui l'encadrent.

EN BAS Dans cette salle familiale, un téléviseur à écran plat est installé au-dessus du foyer surélevé.

|||| Les espaces à aires ouvertes créent de l'espace ||||||||||||

EN HAUT, À GAUCHE Dans un grand plan ouvert, une table de billard délimite l'espace « salle de jeux ».

EN HAUT, À DROITE Des fauteuils rembourrés délimitent la salle de télévision.

PAGE OPPOSÉE Dans une grande pièce qui offre beaucoup d'espace pour diverses activités, la cuisine devient le point central. Un grand îlot de cuisine incurvé et son coin « petit déjeuner » dissimulent presque complètement les surfaces de travail – un avantage dans un aménagement d'espaces à aires ouvertes.

À DROITE Durant les mois chauds, ces portes pleine hauteur, une autre partie de la même pièce mentionnée ci-dessus, étendent l'espace de séjour jusque sous une grande terrasse abritée.

EN BAS De larges passages ininterrompus entre les zones intérieures et extérieures maximisent l'espace. Même si dans la même pièce, la salle à manger traditionnelle est située tout près, en arrière, des endroits de réunions.

Idée de génie

Bon truc

Dans une pièce comme le sous-sol ou l'attique, utilisez des œuvres d'art pour créer l'illusion de fenêtres. Et de manière à maximiser l'illusion (non montré), gardez la même grandeur de cadres et suspendez-les tous au même niveau à l'endroit où les fenêtres devraient être sur le mur.

EN HAUT Une palette aux couleurs pastel, enjouée et gaie, met de la vie dans une salle familiale au sous-sol.

À GAUCHE Une salle de billard requiert de l'espace libre autour de la table, mais vous pouvez utiliser les murs et exposer divers objets sur d'étroites tablettes pour ainsi ajouter de la personnalité au décor de la pièce.

PAGE OPPOSÉE Peindre les murs en noir est un geste audacieux – mais le résultat est efficace. Tout comme dans les salles de cinéma où les murs sont foncés, le noir diminue l'éblouissement et met en relief l'image sur l'écran.

Salles de jeux

Trop souvent, la décoration de la salle de jeux est reléguée au second plan. Puisque c'est l'endroit où vous vous laisserez aller à vos passions, il est important que la pièce soit inspirante et vous incite à pratiquer les activités que vous aimez. Commencez par penser à l'activité que vous y pratiquerez. En ce qui concerne les peintres, ils ont besoin d'espace blanc qui entoure leur chevalet, un plancher qui peut être sali ou facile à nettoyer, et beaucoup de lumière naturelle. Les fanatiques de sports quant à eux aiment des fauteuils confortables pour écouter les parties, des tables pour y déposer des boissons et des grignotines et une chaîne audio-vidéo pour faire partie de l'action. Les bricoleurs ont besoin d'une solide surface de travail, d'un tableau d'affichage pour y afficher leurs idées, de feuilles détachables pour les projets, de tablettes, de paniers et de boîtes (de préférence transparents) pour y déposer des outils. En vous concentrant attentivement sur l'activité, l'élaboration du plan pour accéder aux besoins deviendra plus facile.

Si vous avez un budget pour la décoration, planifiez à l'avance pour l'ameublement, l'éclairage et tout autre équipement spécial dont vous pourriez avoir besoin, tel un tapis pour un gymnase à domicile. Un plan bien conçu fera en sorte que cette pièce ne devienne pas un fourre-tout pour les surplus des autres pièces de la maison. Pareillement, si vous utilisez des meubles et des accessoires que vous possédez, essayez de trouver un élément commun en chacun d'eux qui uniformisera le décor de la pièce. Commencez par chercher une couleur ou un motif. Si vous possédez déjà des objets dépareillés ou des housses bon marché, pensez à une bonne couche de peinture, et des règles strictes pour les accessoires, cela remettra à neuf et rafraîchira les pièces un peu fatiguées ou celles dont vous n'osiez vous approcher.

Conseils pour un cinéma-maison

Faites concurrence à votre cinéma de quartier en créant un cinéma-maison chez vous avec toutes les composantes électroniques.

▌ **Commencez par l'équipement**. N'achetez pas un téléviseur trop gros pour l'espace. Les haut-parleurs doivent être placés à différents endroits dans toute la pièce, une radio AM/FM et un lecteur DVD sont les pièces d'équipement essentielles dont vous avez besoin pour votre chaîne stéréophonique.

▌ **Des fauteuils confortables sont essentiels.** Tournez-vous vers les nouveaux designs créés spécialement pour les cinéphiles de maison.

▌ **Contrôlez la lumière.** Installez un aménagement de fenêtres de manière à bloquer la lumière et l'éblouissement.

▌ **Gardez la pièce fraîche.** Contrôlez la température ; les appareils électroniques ont tendance à réchauffer une pièce.

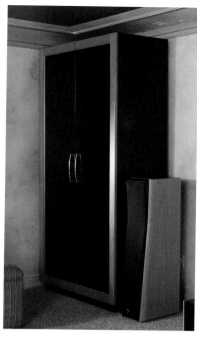

EN HAUT Une armoire élégante camoufle les fils, l'équipement de jeux, et les piles de CD et de DVD.

PAGE OPPOSÉE, EN HAUT Un sofa de grand format suggère aux invités à s'y prélasser. Il est placé en fonction du point central de la pièce, le cinéma-maison.

PAGE OPPOSÉE, EN BAS Un store romain entièrement doublé est facile à ouvrir et à fermer pour bloquer la lumière.

EN HAUT, À GAUCHE Un bar fabriqué sur mesure avec des tabourets rembourrés et un comptoir spacieux est idéal pour servir des cocktails et relaxer en regardant la télévision.

À DROITE L'écran de télévision à projection frontale se baisse pour une projection vue du bar ou du sofa. Le projecteur est monté au plafond.

EN HAUT Si votre pièce est strictement utilisée pour la projection, faites fi du traditionnel et placez votre mobilier comme dans les vraies salles de cinéma, soit sur une plate-forme surélevée. Et installez une moquette pour absorber le son.

À GAUCHE Pour être à l'aise, lorsque vous regardez un film, le mobilier d'aujourd'hui offre une gamme d'accessoires coquets autant pour le rangement que pour le confort. Voici l'exemple d'un casier coulissant pour contenir les DVD.

À DROITE Des tiroirs coulissants dans une armoire vous permettront d'éviter de chercher dans le fond de celle-ci les CD et les DVD mal placés. Certains meubles de rangement viennent avec des tiroirs coulissants encastrés. Pour les autres, il y a des prêts-à-monter que vous pouvez acheter et installer vous-même.

EN BAS Un ensemble composable donne à tout le monde une place en avant et crée un coin douillet parfait pour la projection et pour se rassembler entre amis. Au centre, un pouf peut servir soit de repose-pieds ou de table. Le téléviseur et tout l'équipement de son et ses accessoires sont rangés dans l'armoire semi-personnalisée.

5

Au fil des années la cuisine est devenue une pièce de la maison qui foisonne d'activités et où les amis se rencontrent. Il ne faut donc pas s'étonner que le style y trouve sa place. Même si cette pièce se doit d'être pratique, elle doit également être belle et invitante. Il est aussi très facile d'y mettre votre grain de sel. Le style qui vous convient s'harmonisera probablement avec le design du reste de la maison. Vous serez en mesure de trouver des armoires, des comptoirs, des recouvrements muraux, des revêtements de sol et des détails décoratifs qui s'agenceront avec le style sans en sacrifier la vocation, et ce, même si vos goûts penchent vers le classique, le décontracté, le traditionnel ou le contemporain.

Cuisines

▌ style traditionnel ▌ style rustique ▌
▌ style contemporain ▌ armoires ▌
▌ recouvrements muraux ▌ revêtements de sol ▌
▌ plafonds ▌ comptoirs ▌

Cette cuisine gaie et chic est conçue pour remplir deux fonctions, un espace de travail pour un chef sérieux et un endroit de rencontres pour la famille et les amis.

Une des raisons expliquant la popularité du style traditionnel, c'est son intemporalité et sa résistance aux modes qui ne font que passer. Pour avoir une cuisine de style traditionnel où l'atmosphère est élégante, gracieuse et un brin classique, les armoires sont habituellement faites à la main et elles sont en bois riche et luisant, ordinairement du cerisier ou de l'acajou ou toute autre sorte de bois verni s'y apparentant. Les armoires peintes en ivoire ou en blanc sont un autre choix fréquent, mais la caractéristique de ces armoires est leur riche fini lustré et l'aspect raffiné de son

Style traditionnel

mobilier. En ce qui concerne le style des portes d'armoires, choisissez un modèle avec un panneau en relief et avec des détails architecturaux comme des moulures couronnées ou d'autres pièces de menuiserie. Les comptoirs sont typiquement faits d'une pierre polie et brillante, comme du granit ou du marbre, ou d'un surfaçage dense ou de stratifié s'apparentant à ces pierres et qui présentent aussi de riches détails comme des arêtes arrondies ou des bords biseautés. Optez pour des couleurs foncées pour votre comptoir comme le vert foncé, le gris foncé ou même le noir pour ajouter de la richesse à votre décor. Faites de même pour les planchers de bois, ou allez-y avec un motif classique de damier en noir et blanc fait en carreaux de céramique ou d'un revêtement de vinyle. Ajoutez ensuite la quincaillerie d'ameublement et les luminaires.

À GAUCHE Cette cuisine de style traditionnel américain a des allures très classiques caractérisées par son bois pâle, ses comptoirs en granit de teinte pâle, et beaucoup de soleil. Le lustre ajoute encore plus de classicisme.

PAGE OPPOSÉE, EN BAS À GAUCHE De manière à conserver le style traditionnel et à agencer avec les armoires, on a camouflé le réfrigérateur à compartiments juxtaposés avec des panneaux de recouvrement faits sur mesure.

EN BAS, À GAUCHE Les chaises aux dossiers ronds et un cabinet de porcelaine avec un mobilier raffiné embellissent cette salle de repas. Les meneaux de la porte-fenêtre ajoutent un beau cachet.

À DROITE Ce design s'appuie sur l'aspect éclatant du dosseret en carreaux de céramique blanc et noir et des armoires couleur miel pour créer son attrait typiquement américain.

Idée de génie
Coin pause-café

Ce petit bout de comptoir est réservé pour une machine expresso. Le comptoir en granit est aussi coquet que pratique avec sa surface résistante à la chaleur.

Accents du Sud

EN HAUT Un immense îlot accueille parents et amis lorsque tout le monde se rassemble dans la cuisine autour du foyer de cuisson.

À GAUCHE Une grande variété de grandeurs de tiroirs et d'armoires répond à tous les besoins de rangement inimaginables.

EN BAS Cette pièce mélange la simplicité des armoires faites en pin du Sud avec des détails originaux : des moulures couronnées, des pattes tournées, des pilastres à câbles et à rainures.

Idée de génie

Design distinct

Dans les cuisines traditionnelles, les moulures couronnées et d'autres pièces de menuiserie sont la norme pour un style gracieux.

Saveur française

EN HAUT Des armoires de style avec d'élégants détails ainsi qu'une quincaillerie d'ameublement en laiton définissent cette cuisine traditionnelle. Le pôle d'attraction est une fenêtre en baie qui cadre la vue d'un joli jardin. Le côté visible en cuivre martelé du bandeau apparent de l'évier ajoute une texture de style français.

À GAUCHE Ici, tout un mélange d'éléments contribue au style traditionnel français – les armoires peintes en blanc, des carreaux de céramique de couleur, des tabourets de séjour en rotin et partout dans la pièce des accents d'accessoires en cuivre.

IIIIII Une vue sur la Toscane IIIIIII

EN HAUT Des matériaux naturels et des couleurs terre révèlent un design inspiré de la Toscane.

EN HAUT À GAUCHE L'apparence dépareillée est aussi essentielle à ce style. Ici, des armoires solides et des meubles qui rappellent l'ameublement des maisons de ferme y sont volontairement non appariés. Le mobilier est ensuite rénové et peint de différentes couleurs.

EN HAUT À DROITE Un coin salle à manger brille par ses couleurs et ses textures – un plafond de bois, un carrelage, des murs de couleur olive et des chaises rouge foncé. Un lustre en fer forgé couronne magnifiquement ce décor.

À DROITE Les meubles à tiroirs sont légèrement désordonnés pour obtenir de façon appropriée un style rustique.

PAGE OPPOSÉE, EN BAS À DROITE Les arches et les autres motifs classiques renforcent l'atmosphère européenne de cette pièce. Un immense îlot procure de l'espace de rangement supplémentaire.

Coutumes intemporelles

Qu'est-ce qui est plus européen qu'un cappuccino mousseux et épais ? Et qu'est-ce qui pourrait être plus approprié dans une cuisine inspirée de l'Europe qu'un espace pause-café ? Celui sur la photo a été créé à l'intérieur de l'armoire avec des portes coulissantes. Mais à part la machine expresso, quels sont les autres éléments servant à la création du style européen ? L'apparence est en fait un mélange de plusieurs styles : français, italien un peu de grec et de classicisme romain. Rien ne doit avoir l'air neuf ou brillant. Dans son ensemble, l'effet est agréable avec des signes d'usure évidents. Le principe de base est aussi la richesse des couleurs, les matériaux et la texture – de la pierre calcaire rude ou du marbre poli ; des carreaux de céramique ; des bois mielleux ; et des éléments disparates qui semblent s'être accumulés avec amour au fil des ans.

Certains cuisinistes et autres spécialistes dans ce domaine s'entendent sur la théorie que nous aimons le style rustique parce que cela nous rappelle l'atmosphère chaleureuse de la cuisine de notre grand-mère, et aussi parce qu'il évoque la sentimentalité reliée aux vieilles choses, ou tout simplement parce que nous croyons que les choses étaient plus simples et meilleures dans ce temps-là. Quelle qu'en soit la raison, c'est un style extrêmement populaire et c'est l'occasion rêvée pour exprimer vos goûts personnels. Parce qu'il invite à la détente et à l'intimité, le style rustique est un bon choix pour un mode de vie décontracté. Il convient donc parfaitement aux familles occupées et où règne une grande agitation. Aménagez votre cuisine rustique autour d'armoires de bois teints de couleur naturelle, d'une finition décapée ou blanchie, ou de couleurs gaies. Ni l'allure élégante ni l'aspect soyeux ne sont recherchés ici, alors n'hésitez pas à placer ensemble les meubles non appariés et les meubles amovibles dépareillés. Les tablettes remplies de vaisselle sont aussi convenables. Les planchers de bois sont ce qu'il y a de mieux, mais des motifs simples de revêtement en vinyle ou des carreaux de linoléum peuvent aussi faire l'affaire. Pour le comptoir de cuisine, tout est acceptable, mais optez sur-

Style rustique

tout pour une surface à l'aspect terreux – par exemple, une pierre rustique ou des carreaux de céramique.

Il existe plusieurs ramifications à ce style de base, en voici quelques-uns – le style rustique anglais, le style provençal, le style victorien et le style Arts and Crafts. Si vous préférez le style rustique pour la cuisine, il y a certainement des variations qui sauront vous plaire. Nous vous montrons ici un dérivé sur le même thème, il s'agit du nouveau style rustique américain, un peu plus sophistiqué que son prédécesseur avec des lignes plus pures et moins d'accessoires.

À DROITE Ce design rend le style rustique plus sophistiqué. Les armoires aux lignes plus pures et un élégant comptoir de granit se marient ici au charme habituel sans prétention et au mélange intime du bois et de la quincaillerie.

TOUT EN HAUT En restant fidèle avec la philosophie rustique qui veut que la cuisine soit le cœur du foyer, elle s'ouvre sur un invitant coin salle à manger familial.

EN HAUT Même une version épurée du style rustique laisse de la place à l'expression personnelle. Des livres de cuisine, des photos de famille et des estampes encadrées occupent un coin de la pièce.

À DROITE Une fenêtre de communication est utilisée comme passe-plats lors des repas sans cérémonie.

Différents aspects du style rustique

PAGE OPPOSÉE Pour ceux qui aiment les cabanes en rondins et la vie en plein air, ce style est un excellent choix pour la cuisine. Les tons chauds des armoires de bois et de la fenêtre arquée qui encadre une vue sur le boisé dégagent une atmosphère douillette. Observez les détails du Arts and Crafts sur la fenêtre et la lampe pendante.

PAGE OPPOSÉE, EN BAS À GAUCHE Une imposante arche en pierres des champs enveloppe le centre de cuisson et crée ainsi l'ambiance d'un pavillon de chasse en plein bois.

PAGE OPPOSÉE, EN BAS À DROITE En plus de fournir une surface de travail et une place de rangement supplémentaire, l'îlot rustique et solide est un élément décoratif important. Un revêtement de sol en bois s'avère un matériau confortable pour les pieds.

À GAUCHE L'utilisation maximale d'un bois mielleux est ce qui fait l'attrait de cette cuisine du genre maison de campagne. L'îlot en bloc de boucher est également muni d'un deuxième lavabo, ce qui est pratique si deux personnes travaillent ensemble à la préparation des aliments.

Créer le style provençal

La cuisine provençale est l'amalgame des styles rustiques anglais et du bungalow victorien avec des variantes allant du rustique jusqu'au raffiné. Un concept tout en blanc tel qu'il est montré ici fait partie de la catégorie raffinée, et tous les éléments clés de l'ensemble du style y sont représentés – des armoires en bois peintes, un dosseret en planches à baguette, un casier d'assiettes, et des armoires avec des portes en verre. D'autres versions de cuisine provençale peuvent inclure de pittoresques armoires dépareillées, ce qui donne un aspect vieillot à l'ensemble.

allant de la maison de campagne au cottage douillet

À GAUCHE Des armoires toutes simples qui donnent l'impression d'avoir été faites à la main, des poutres exposées et des chevrons contribuent à donner un aspect rural à cette cuisine paysanne.

EN BAS À GAUCHE Une robinetterie d'époque ressemble aux pompes d'autrefois qui amenaient l'eau à l'évier de cuisine. De nos jours, ils sont utiles pour remplir de grands pots.

EN BAS À DROITE L'élément essentiel qui détermine le style est la table de cuisine où les gens se réunissent. L'îlot sert à ce besoin et tient lieu aussi de comptoir à la préparation des aliments.

Style maison de ferme américaine

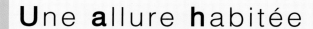

Une allure habitée

Le style rustique anglais ne vient pas des grandes maisons de la campagne anglaise, mais bien plutôt des modestes maisons et des bungalows qui ont été habités confortablement pendant des générations et qui sont si agréablement encombrés. Pour recréer ce style, appliquez une patine sur les armoires pour les vieillir et ajoutez des détails tels que des casiers d'assiettes, des niches et des faces d'armoires en verre. Pour les planchers, optez pour du bois ou un carrelage au fini mat ; les comptoirs peuvent être de pierre, de surfaçage dense ou de bois – enfin tout matériau qui n'est ni brillant ou neuf. L'effet recherché ici est une cuisine de style européen avec des couleurs plus pâles. La porcelaine anglaise tient lieu d'éléments de décoration.

Style rustique anglais

EN HAUT Des armoires conçues de manière complexe confère un style rustique anglais à cette cuisine. La couleur crème chaude de la peinture ajoute un air légèrement vieillot.

À DROITE Tout le charme de la cuisine vient du foyer de cuisson – un retour dans le temps. Elle est maintenant équipée d'une cuisinière professionnelle.

À DROITE Le style européen offre une solution de rechange intéressante au style rustique américain, il nous présente des couleurs pittoresques, une plus grande importance de la pierre et des armoires qui rassemblent des pièces dépareillées provenant de meubles anciens.

EN BAS Une alcôve avec un banc en bois à l'allure rustique et de grandes fenêtres à battants sont inspirées des particularités du style européen.

||| Style européen |||||||

Idée de génie

La niche

Une tablette encastrée à l'intérieur du foyer de cuisson peut être décorative, mais aussi utile pour y garder des huiles infusées ou des épices à portée de la main.

PAGE OPPOSÉE Ce sont les détails qui font la différence – la grande fenêtre arquée, les carreaux de céramique italienne sur le dosseret, le fini mat des robinets et de la quincaillerie évoquent une atmosphère d'un temps passé.

À DROITE De larges allées entre l'îlot central et les zones de travail rendent cette cuisine familiale chaleureuse et confortable même lorsqu'elle est bondée.

EN HAUT Des appareils ménagers électriques et des luminaires complètent le décor de la cuisine.

À GAUCHE On trouve de tout dans ce style : des colonnes classiques jusqu'à une collection kitsch de jarres à biscuits. Tous ces éléments s'harmonisent de façon magistrale.

Tout va

Le caractère très personnel d'une cuisine éclectique réunit des éléments de différents styles et de différentes époques qui s'agencent pour former une certaine cohésion. Ce n'est pas une tâche facile à réussir, mais voici un conseil du designer Rick Shaver de Shaver-Melahn de New York qui devrait vous aider. « Il doit y avoir un fil conducteur, que ce soit la couleur, la texture, un détail architectural, même des pièces de collection », recommande Shaver, designer de mobiliers et d'aménagements intérieurs. La cuisine montrée ici mise sur le détail architectural pour unir ses éléments disparates. On peut aussi réussir à créer une autre forme de design éclectique en se basant sur une thématique et en exposant des collections de bols, d'ustensiles de cuisine et d'assiettes décoratives.

Style éclectique, un mélange

EN HAUT Un imposant vaisselier tout peint de noir crée un certain effet dans ce décor. Mais celui-ci cadre bien au reste de l'ensemble, parce que son allure rappelle celle d'un cabinet à porcelaine.

EN HAUT À DROITE Un dosseret de fenêtres égaie la pièce pendant le jour; et un éclairage sous les armoires prend la relève le soir.

À DROITE Des détails de différents styles et de différentes époques – tel un mobilier de cuisine du milieu du siècle – mettent de la vie dans la pièce avec un point de vue exceptionnel.

EN HAUT Cette cuisine rénovée de style contemporain est indéniablement sobre, sans toutefois être aride. L'ambiance chaleureuse que dégage la teinture des armoires de bois, les courbes ovales de l'îlot à deux niveaux, et les dossiers arrondis des chaises de salle à manger adoucissent son apparence.

À GAUCHE Fidèles à la philosophie contemporaine, les armoires unies sont sans aucun embellissement, excepté pour la quincaillerie d'ameublement en acier brossé curviligne et pour les quelques portes en panneau de vitre.

PAGE OPPOSÉE Les comptoirs en matériaux naturels, tel que le granit ici, sont la marque de commerce des cuisines contemporaines. L'ajustement des bords de comptoir est typiquement plat – soit droit ou arrondi, et ce, sans de taille au biseau.

Le style contemporain a vu le jour à la fin du dix-neuvième siècle lorsque des artistes, des architectes et des designers se sont rebellés contre le style lourd et fastidieux du design qui a prévalu pendant presque toute l'époque victorienne. Leur rébellion sur le plan de la décoration s'est manifestée par le choix de la simplicité et l'utilisation de matériaux naturels. Au fil du temps, le style a évolué, pour devenir de plus en plus sobre, mais on a continué à mettre l'accent sur les matériaux naturels. Comme la nouvelle technologie émergente avait des retombées sur la culture, au cours des années 1970 et 1980, un style «haute technologie» était de rigueur dans plusieurs cuisines. Ces conceptions étaient unies et aux contours nets; elles étaient structurées autour des tons neutres de l'acier inoxydable, de la pierre et du verre; et elles ressemblaient presque à des laboratoires. Bien que le style contemporain ait perdu de sa popularité, il a cependant repris de la vigueur depuis.

Style contemporain

Aujourd'hui, la base du style contemporain dans la cuisine est monobloc, avec des panneaux d'armoires plats aux lignes pures et une quincaillerie simple. Les choix de bois les plus populaires pour la finition sont surtout l'érable, le cerisier et le bouleau dans des tons plus pâles. Les portes d'armoires sont faites de matériaux en verre et en métal, souvent en aluminium. Ces matériaux sont populaires parce qu'ils s'harmonisent bien avec les appareils contemporains unis. Les matériaux de revêtement de surface naturels – en particulier la pierre, les carreaux et le béton – ou les diverses versions de surfaçages denses en contreplaqué lamellé dominent les surfaces. Le style rétro ou moderne de la première moitié du vingtième siècle que nous pouvons voir dans l'ameublement de maison influence également le design de la cuisine. Un style épuré et industriel à la manière des années 1950 à 1970 ne convenait pas à tout le monde, bien qu'il soit de plus en plus populaire.

EN HAUT Des airs des années 1950, telles que des chaises en plastique aux dossiers arrondis et des surfaces vert jaune caractérisent ce design dans la catégorie rétrochic.

À GAUCHE Un mélangeur turquoise de style rétro, la couleur favorite des années 1950, est un accessoire approprié.

À DROITE La couleur extravagante des murs, celles du comptoir et du collage de carreaux de céramique le long du dosseret sont en opposition totale avec le style dépouillé des armoires contemporaines et de la douce finition du métal brossé.

Revisiter le passé récent

Un style de décoration qui s'inspire des designs de la première moitié du vingtième siècle, le style rétro, est une manifestation du genre contemporain. La philosophie rétrochic ne suggère en aucun cas que vous devez recréer entièrement le style d'une époque ; vous n'avez qu'à y incorporer quelques détails révélateurs. Par exemple, pour que votre cuisine soit adaptée aux goûts des années 1950, ajoutez des détails relevant de la salle de séjour, comme des tabourets en chrome recouverts de sièges de cuir rouge ou des comptoirs lamifiés avec le motif de boomerang d'aujour- d'hui. Les appareils de style rétro sont aussi offerts chez plusieurs fabricants.

Si vous aimez beaucoup les intérieurs contemporains, mais que vous craignez qu'une cuisine créée dans ce style aux lignes pures et dépourvues d'ornement soit froide et sans chaleur, ne vous inquiétez pas. La cuisine contemporaine a évolué depuis les deux dernières décennies, et le style laboratoire haute technologie est désuet. Il a été remplacé par une version plus chaleureuse et plus accueillante. Aujourd'hui, les cuisines contemporaines sont encore simples, dépouillées et équipées d'appareils de dernière technologie, mais une place importante est accordée aux armoires de cuisine en bois et à un usage restreint des couleurs en tant qu'accessoires. Si bien qu'elles sont devenues des cuisines aussi attirantes et invitantes que n'importe quelles autres cuisines traditionnelles ou rustiques. Regardez attentivement les pièces sur ces deux pages et voyez l'influence du bois et des autres éléments ; une impression de bien-être se dégage de ces espaces au style qui demeure tout à fait personnel.

Réchauffement des tendances

À DROITE Les carreaux de céramique du dosseret d'un pittoresque rouge-orangé ont un grand effet de réconfort dans la pièce. Les chaises aux lignes courbées adoucissent les contours nets des armoires.

EN BAS Du matériel d'aération pour surface de cuisson est enchâssé dans de l'acier inoxydable, lequel est recouvert de bois et qui s'agence avec les armoires.

TOUT EN HAUT Dans une intéressante juxtaposition de styles, une cuisine aux lignes pures s'ouvre sur un coin salle à manger orné d'un magnifique lustre et de chaises de style du dix-huitième siècle.

EN HAUT Un grain proéminent sur la surface du bois offre un attrait visuel et évite aux armoires teintes en bleu gris un effet trop contrastant, surtout à côté de la hotte en acier inoxydable.

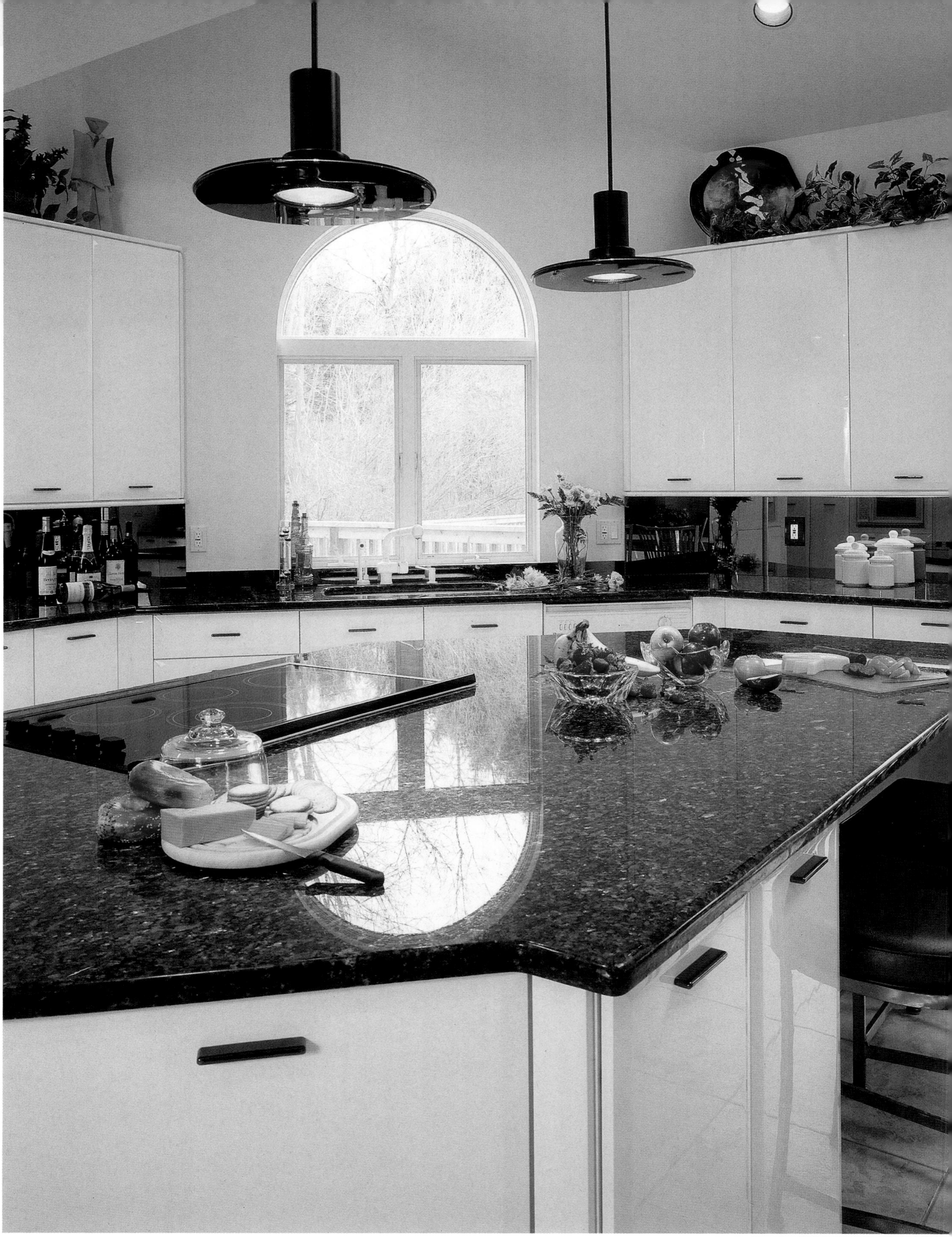

Au tour du verre

Les portes d'armoires en verre, qu'elles soient dépolies, opaques, texturées, ondulées ou traitées à l'acide, cachent une multitude de petits péchés. Derrière elles, les contenus des armoires semblent intéressants sans nécessairement être d'un rangement impeccable. En plus, les taches de doigts ne paraissent pas aussi facilement que sur les panneaux en verre clair.

Blanc classique

À GAUCHE Des lignes pures, des comptoirs en granit poli et de grandes surfaces d'armoires blanches donnent à cette pièce son caractère classique. Le dosseret en miroir, l'îlot en angle et la fenêtre arquée insufflent beaucoup de vie à la pièce.

EN HAUT À DROITE Dans une autre cuisine classique toute blanche, un dosseret et un comptoir en pierre renforcent la finesse et ajoutent de la texture. Un appareil de comptoir donne la touche de couleur nécessaire pour atténuer le dépouillement.

À DROITE En ville, dans une petite cuisine, la lumière est un facteur important pour donner l'illusion d'une pièce plus grande. Aucun habillage de fenêtre n'est requis, tout en respectant le style et pour inonder la pièce de lumière naturelle.

EN HAUT À GAUCHE
Une « armoire » pour
la hotte renforce le
thème rustique.

EN HAUT De simples
armoires blanches
mettent en place les
éléments du décor
pour une cuisine
rustique.

À GAUCHE Un mini-
bureau où sont ran-
gés la vaisselle de
porcelaine, le linge de
table et les couverts.

Armoires

Les armoires jouent deux rôles importants dans la cuisine – elles servent de rangement pour les denrées alimentaires et de comptoir pour les ustensiles de cuisine, et elles définissent le design de la pièce. D'autres éléments contribuent à l'apparence de la cuisine tels que le comptoir et les matériaux de revêtement de sol, les appareils, l'aménagement des murs et des fenêtres ainsi que les accessoires. Mais les armoires sont toutefois l'élément le plus visible, et elles jouent donc un rôle important dans l'ensemble de l'aspect.

Au siècle dernier, le mobilier employé dans les cuisines était utilisé au hasard pour ranger la vaisselle, la batterie de cuisine et les ustensiles, sans qu'ils soient nécessairement assortis entre eux ou encore moins avec les éléments de la pièce. Ce genre de style mal assorti, « dépareillé » gagne aujourd'hui un regain de popularité auprès de certains propriétaires, mais la majorité des gens préfèrent des armoires de cuisine de même design, ce qui contribue à unifier l'allure de la cuisine.

Dès que vous avez choisi l'aménagement qui répond à vos besoins et le style de design qui reflète votre personnalité, vous être prêt pour magasiner les armoires. Prenez votre temps. Quel que soit le style que vous avez choisi, il sera offert chez tous les grands fabricants d'armoires de cuisine. Visitez des salles d'expositions, regardez des catalogues, allez sur les sites Web des entreprises et étudiez les choix qui s'offrent à vous. Obtenez des estimations de prix. Armé de ces informations et avec une bonne idée en tête du nombre d'armoires nécessaire, vous obtiendrez ainsi un montant approximatif pour la portion des dépenses reliées aux armoires de votre nouvelle cuisine, ce qui d'après les experts, correspond à 40 % du prix total.

Afin de déterminer le nombre d'armoires de rangement dont vous aurez besoin, voici une façon infaillible de vous y prendre. Vous devrez vider le contenu de toutes les armoires actuelles et combiner ce que vous désirez ranger. Procédez par piles d'objets distincts : les assiettes, la batterie de cuisine, les couverts, le linge de table et les livres de recettes, chaque pile représente le nombre requis d'armoire(s) ou de tiroir(s) dont vous aurez besoin. Si cette méthode s'avère trop ardue, examinez la situation actuelle de votre rangement et estimez combien d'armoires de plus vous aurez besoin en tenant compte des articles que vous accumulerez au fil du temps.

EN HAUT Les armoires richement embellies de ce design font preuve de flair.

EN BAS Un cachet d'élégance se dégage des détails d'un mobilier raffiné.

À DROITE On reconnaît cette vitrine par sa teinture foncée et ses boiseries de fantaisie.

EN BAS Des poignées originales sont attrayantes.

À GAUCHE D'impressionnantes armoires teintes couleur miel avec des panneaux encastrés témoignent d'un design sophistiqué.

EN BAS Dans cet espace, des armoires peintes en blanc et des panneaux encastrés créent un style rustique épuré. Un grand meuble d'angle surmonté de moulures couronnées s'harmonise à cette cuisine paysanne.

Idée de génie

Des détails gagnants

Vous désirez créer un effet saisissant dans votre cuisine ? Ajoutez des éléments saisissants tels que des détails architecturaux ornés, un lustre dans la zone de travail ou de somptueuses draperies.

EN HAUT Vous recherchez du prestige pour la cuisine ? Choisissez des armoires d'allure riche et foncées avec une boiserie ornée ; ensuite, pensez à ajouter différents éléments tels qu'un lustre, des draperies et un miroir doré.

À GAUCHE Des panneaux d'érable piqué intensifient l'aspect « prestige » tout comme la quincaillerie d'ameublement qui ressemble au cristal.

Il y a des milliers de fabricants qui produisent d'attrayantes armoires dans une grande variété de styles et de prix. Cependant, ils ne les construisent pas toutes aussi bien. N'achetez pas vos armoires de cuisine parce que vous aimez uniquement leur apparence. Les designs attrayants sont offerts dans différentes fourchettes de prix, et, peu importe votre budget, vous trouverez le style que vous aimez. Cependant, il est très important d'examiner très attentivement les détails de construction des armoires avant de les acheter. Faites attention aux tiroirs qui sont cloués, collés ou juste brochés ensemble. Des tiroirs bien faits devraient soutenir 34 kg (75 lb) lorsqu'ils sont ouverts. Les caisses d'armoires devraient mesurer au moins 13 mm ($1/2$ po) d'épaisseur tout autour, et l'intérieur, incluant la surface arrière, devrait être fini. Vérifiez également les tablettes ajustables. Assurez-vous qu'elles mesu-rent au moins 16 mm ($5/8$ po) d'épaisseur pour ainsi éviter qu'elles ne gondolent. Recherchez de solides charnières qui ne grincent pas et qui permettent aux portes de s'ouvrir complè-tement. Certaines armoires raffinées sont faites en bois massif, mais une caisse en contreplaqué avec des portes et des cadres en bois massif offre également un bon support de construc-tion. Certains éléments qui sont moins coûteux, mais satis-faisants, vous sont présentés sous la forme d'un mélange de supports en contreplaqué avec des portes et des devants de tiroirs en MDF, ou un choix de fini stratifié sur des panneaux de particules épais de qualité. Évitez les tiroirs faits de pan-neaux de particules minces. Si vous trouvez un style plus sobre et qui est moins coûteux, mais de bonne qualité, rappelez-vous que vous pouvez embellir les armoires avec des moulures couronnées ou avec différents accessoires de décoration.

Choix de styles pour les armoires

Les styles de portes sont strictement décoratifs. Les styles photographiés, de gauche à droite : panneau superposé apparent, cadre et panneau, panneau plat, cadre perlé et panneau, panneau en relief carré, panneau en relief incurvé, panneau de planches à baguet-tes, panneau cathédrale.

PAGE OPPOSÉE, À GAUCHE Cette armoire arbore deux indices sûrs de haute qualité et de construction soignée – l'intérieur fini, incluant le panneau arrière et de robustes charnières.

PAGE OPPOSÉ, À DROITE Une armoire spéciale garde les pots à épices à la portée du plan de cuisson. De solides tablettes finies de manière à s'agencer avec les éléments environnants offrent une surface nettoyable au chiffon plutôt pratique, une caractéristique à rechercher lors de votre magasinage d'armoires.

À GAUCHE Un fini doux, des détails de design précis, et une élégante quincaillerie d'ameublement en laiton contribuent au style traditionnel de ces armoires de cuisine.

EN HAUT Une récente innovation dans la cuisine, des tiroirs réfrigérés pour y placer les aliments souvent utilisés, et ce, à proximité des comptoirs de travail. Une autre commodité – l'intérieur du tiroir s'allume lorsque vous l'ouvrez.

Options

Alors que vous magasinez pour vos armoires, ayez en tête l'aménagement d'espaces précis où votre famille et vos amis peuvent se réunir – un bureau personnel, une place où les enfants pourront bricoler ou faire leurs devoirs, un bar, un coin pour boulanger, et pourquoi pas une chaîne audio-vidéo. Renseignez-vous sur les options d'armoires qui incluent de telles caractéristiques pratiques.

À DROITE Ce centre de nettoyage inclut une place de rangement pour la porcelaine et la verrerie, ainsi vous n'aurez pas à traverser de l'autre côté de la pièce pour le rangement.

EN BAS Dans la même cuisine, placé près de la zone de travail, un bureau personnel compact s'enorgueillit de tous ses tiroirs, et des tablettes pour les livres et les pièces de collection.

EN HAUT Dans une cuisine familiale achalandée, le four à micro-ondes occupe un bout de l'îlot, de façon à ne pas déranger le cuisinier.

EN HAUT Des détails comme cette équerre ornée contribuent à l'élégance de cette pièce.

À GAUCHE Une armoire polyvalente inclut des espaces pour un bar et un téléviseur.

EN HAUT Un bureau dans un coin d'une cuisine bien occupée. Il comprend une surface de travail, des armoires et un pigeonnier pour y ranger divers documents.

EN BAS Placé de manière appropriée à quelques pas de la porte arrière, un espace jardin avec une fenêtre en hublot enchanterait n'importe quel jardinier.

À DROITE En utilisant le plus possible les quelques pieds de l'espace mural, ce bureau partage l'espace avec un cabinet-cellier.

EN BAS À GAUCHE Cette armoire, remplie d'objets de collection, traitée avec un fini plus pâle et affichant des portes différentes des autres armoires, mérite de l'attention.

EN BAS À DROITE Une variation sur une colonne cannelée classique embellit ce coin.

Construction avec cadre ou sans cadre

Dans une construction cadrée, un cadre de forme rectangulaire fait le contour de la caisse d'armoire pour ajouter de la solidité et fournir une place pour fixer la porte. Les portes sur les armoires sans cadre sont placées au même niveau au-dessus de la caisse. Aucun cadre n'est visible, et les charnières sont aussi souvent invisibles.

Sans cadre. Un concept européen qui est apparu dans les années 1960, les armoires sans cadre sont offertes dans les cuisines contemporaines. Les portes s'ajustent sur la caisse d'armoire tout entière pour ainsi donner une allure sobre et épurée.

Avec cadre. Les armoires avec un cadre visible offrent une richesse de détails qui sont appropriés aux cuisines traditionnelles et rustiques sans oublier leurs nombreux designs cousins.

EN HAUT Des armoires de format normal dans ce design semi-personnalisé sont aménagées dans un agencement qui convient aux besoins des propriétaires.

À DROITE Une autre façon de créer une allure individualisée – utilisez le même style d'armoire de base, mais variez les finis.

l y a différentes façons d'acheter des armoires pour votre nouvelle cuisine. Les meubles Knock-down (KD) (meubles démontables) seront chez vous la journée même, et si vous pouvez les installer sans avoir recours à de la main-d'œuvre professionnelle, cela est idéal pour un budget serré. Les stocks d'armoires en série, lesquelles sont produites uniquement en grandeurs normales et en styles et finis limités sont aussi un choix économique, si toutefois la qualité est bonne. Les armoires semi-person-nalisées sont restreintes aux grandeurs normales aussi, mais les variétés de styles, de finis, d'options intérieures et d'accessoires sont beaucoup plus grandes, diversifiant considérablement vos possibilités. Les armoires faites sur mesure, que l'on peut se procurer auprès de certains fabri-cants d'armoires ou chez un ébéniste local, sont cons-truites selon vos spécifications exactes et vos mesures. Vous aurez à payer un prix élevé, mais vous obtiendrez une cuisine unique avec un style personnalisé et des pos-sibilités de rangement sans fin.

EN HAUT Pour cette cuisine haut de gamme, cet îlot incurvé a été fait sur mesure, comme tout le reste des armoires.

EN HAUT À DROITE Parmi d'autres originalités que vous con-sidériez inclure, les armoires cloisonnées par une vitre dans une variété de grandeurs et avec des configurations intérieures exceptionnelles sont un bon choix.

À DROITE Ces armoires fabriquées sur mesure sont appropriées pour la cuisine de cette maison de la fin du dix-neuvième siècle.

À GAUCHE Un mur de carreaux de brique et une hotte faite sur mesure assurent à ce centre de cuisson une ambiance tout confort.

EN BAS, À GAUCHE Une hotte à évacuation est décorée d'un panneau qui s'agence avec les murs et le dosseret de métal, ce qui ajoute un charme fou à l'espace de cuisson.

EN BAS Une hotte couverte de plâtre et un mur en carreaux de céramique en dessous ajoutent une saveur européenne.

PAGE OPPOSÉE, EN HAUT À GAUCHE ET À DROITE Des centres de cuisson ressemblant à des âtres d'inspiration européenne sont devenus de plus en plus populaires, comme ces alcôves illustrées conçues sur mesure.

Le rôle de la hotte dans le nouvel âtre de la maison

EN BAS, À GAUCHE ET À DROITE Voici des exemples d'« âtres » remodelés incluant un couvert de hotte de style manteau de foyer et une horloge. Les deux modèles incorporent des détails architecturaux raffinés.

Même si vous portez une attention soignée aux armoires de cuisine, aux appareils et aux comptoirs de votre nouvelle cuisine, ne négligez pas les murs lors de la réorganisation de votre nouvelle cuisine. L'attention que vous porterez à la finition des murs ciblera votre style et s'harmonisera avec le design.

La peinture est le traitement mural le plus facile et le plus économique de tous, à moins que vous ne choisissiez un fini décoratif qui exige un spécialiste. Et si vous désirez comprimer un peu le budget, vous pouvez faire la peinture vous-même. Quelle que soit la couleur que vous choisirez, optez pour un fini lavable. Et rappelez-vous – les plafonds ne doivent pas être blancs. Les peindre en version plus pâle que les murs ou dans un bleu très pâle est beaucoup plus intéressant.

Le revêtement mural, comme les papiers peints recouverts d'enduit vinylique sont lavables, ils coûtent un peu plus cher que la peinture, mais ils sont plutôt économiques, surtout si vous le faites vous-même avec des rouleaux de papier peint préencollés et pré-coupés. Toute une variété de couleurs, de motifs, de bordures coordonnées sont sur le marché et de nouvelles s'ajoutent chaque année.

Recouvrements muraux

Le lambris est un autre choix intelligent de revêtement, c'est la manière la plus efficace de cacher les imperfections existantes d'un mur. Le mot lambris fait référence à des planches et à des feuilles de bois utilisées comme parement de mur, et elles ne doivent en aucun cas ressembler aux tristes panneaux de pin noueux utilisés dans le passé pour les sous-sols «finis». En fait, certains lambris sont plutôt élégants et coûteux. Cependant, il est possible d'utiliser une variété de bois et d'imitation de bois qui peuvent ajouter de la chaleur et de la personnalité à votre cuisine. Le lambris d'appui est un matériau de parement posé sur la partie inférieure d'un mur intérieur qui s'applique à la hauteur de la cimaise et qui s'avère être un choix très populaire dans les cuisines de style rustique.

PAGE OPPOSÉE Un revêtement mural en briques rouges avec un motif discret enrichit les autres tons chauds de la cuisine et s'agence aussi avec les couleurs de la pièce communicante.

EN HAUT Un demi-mur peint d'un audacieux vert au-dessus des carreaux de céramique blanche donne un aspect de fraîcheur à la pièce.

À GAUCHE Ces murs blanc crème traités de manière à ressembler à du plâtre complémentent les armoires élégantes et les matériaux de cette pièce.

Créer un mur de pierres rustiquées

1 Dessinez une grille pour les blocs ; ensuite, appliquez le ruban-cache de peintre pour créer les lignes de ciment. Les lignes verticales devraient être croisées et centrées. Appliquez la peinture, en contorsionnant la brosse pour créer une texture qui ressemble à de la pierre. Variez la coloration en appliquant différentes pressions avec la brosse.

2 Laissez sécher les blocs, et ensuite retirez le ruban. Créez les traits d'ombre avec une teinte plus foncée de peinture le long du côté droit ou gauche et sur le bas des blocs. Utilisez un pinceau d'artiste et un couteau à enduire comme guide. Commencez par diluer la peinture avec un peu d'eau pour obtenir une ombre encore plus subtile.

3 Lorsque les lignes d'ombre sont sèches, diluez le mélange consistant de peinture blanche, et peignez les lignes de ciment autour des blocs. Ne touchez pas aux lignes d'ombre sauf celles du bas en les découpant légèrement dans les coins. La version définitive du « mur de pierres » qui a un aspect « nuagé » avec des zones d'ombre et de lumière est maintenant complétée.

PAGE OPPOSÉE ET EN BAS Un mur de « pierres » fait d'après une technique de faux-fini accentue le cachet paysan européen dans cette cuisine.

À DROITE Un apprêt surglacé dans une cuisine et une salle familiale à aire ouverte adoucit la fenestration géométrique.

EN BAS, À DROITE Une finition de chiffon et de glacis donne une allure usée et pittoresque aux murs. Leurs couleurs s'agencent magnifiquement avec les tissus et le mobilier de la pièce.

Essayez un faux-fini sur le mur

Papier **p**eint et **p**einture

En ce qui concerne les recouvrements muraux de la cuisine, la seule règle simple à suivre c'est d'utiliser une peinture lavable et nettoyable, et des revêtements muraux non poreux. Voici d'autres conseils de décoration :

▌ **Les couleurs audacieuses et foncées** réchaufferont la cuisine ; les couleurs froides créent le calme ; les imprimés et les motifs donnent de la vie et de la gaieté.

▌ **Incertain du choix d'une couleur et d'un motif ?** Appliquez une couche de peinture ou un grand échantillon de revêtement mural sur un carton pour affiche et suspendez-le au mur ; puis, alors que la journée avance, évaluez votre satisfaction. Vous êtes toujours enchanté ? Continuez de vivre en compagnie de ce choix pendant une semaine avant de prendre une décision.

▌ **Pour établir une harmonie dans votre maison,** choisissez un recouvrement mural en synchronisation avec les pièces avoisinantes.

PAGE OPPOSÉE, EN HAUT À GAUCHE Un papier peint lavable avec un imprimé simple et aux motifs de grosseur moyenne unifie cette cuisine et le petit salon avoisinant.

▌

PAGE OPPOSÉE, EN HAUT À DROITE Un riche vert saturé est un arrière-plan impression- nant pour une cuisine de style contemporain.

▌

PAGE OPPOSÉE, EN BAS Cette cuisine aux murs peints en bleu vif, avec un plafond, des armoires et des boiseries blanches est claire et fraîche.

▌

À GAUCHE L'utilisation d'une couleur auda- cieuse – telle que le ton de terre brûlée – peut transformer une pièce ordinaire en une pièce chaude et vibrante.

▌

EN BAS Neutre mais riche, le blanc cassé crémeux peint sur ces murs accompagne bien les armoires de style Arts & Crafts.

Profils de **b**oiseries **p**opulaires

Les détails grecs et romains font partie de tellement de styles de décoration qu'il est difficile de trouver une boiserie ornementale sans un design classique. Prenons par exemple la forme de la doucine (*ogee*), elle apparaît sur tout, à partir des boiseries intérieures jusqu'à la corniche extérieure et aux bordures de table. Voici quelques-unes des moulures de base et des motifs qui ont résisté à l'usure du temps.

Tore/astragale

Quart-de-rond en quadrant

Cavet

Moulure de bande

Doucine

Scotia

Moulure murale

Quart-de-rond

Doucine inversée

Moulure de panneau

Perle et écheveau

À tête arrondie

Boiserie

Les boiseries architecturales — une catégorie qui inclut les encadrements de fenêtres, les moulures, les plinthes et les colonnes — représentent le couronnement d'une pièce bien planifiée, tout comme le chou sur un cadeau qui ajoute une touche de beauté à l'emballage. Il est important que vous choisissiez le genre d'ornementation qui correspond au style et aux proportions de votre cuisine et à l'architecture de votre maison. Les choix varient entre simple et raffiné, comme le montre les dessins illustrés ici. Les détails ornés font un bel effet dans des pièces de style traditionnel, les boiseries plus simples conviennent davantage aux environnements plus décontractés ou contemporains. Si vous recherchez un effet plus sophistiqué, vous pourriez engager un ébéniste. Mais regardez d'abord dans votre cour à bois ou visitez un centre de rénovation pour trouver des morceaux déjà coupés ou déjà assemblés.

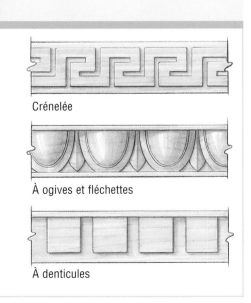

Crénelée

À ogives et fléchettes

À denticules

PAGE OPPOSÉE, ET EN HAUT Une fenêtre, des moulures de porte, des plinthes et des moulures couronnées blanches ressortent contre le revêtement mural rouge tomate pour ainsi créer de la profondeur et une note de distinction.

À DROITE Une cuisine de style traditionnel a un air important avec ces colonnes cannelées situées au bout du passage.

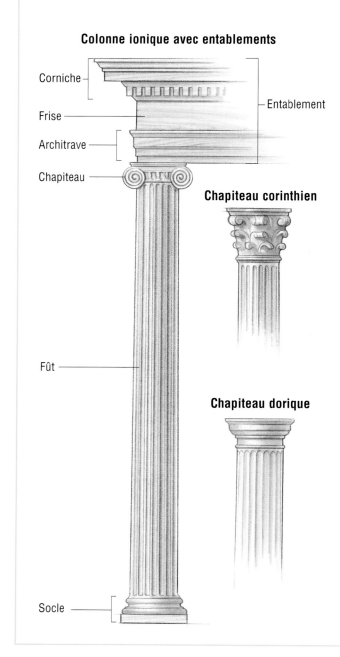

Colonnes classiques

Colonne ionique avec entablements

Corniche

Frise

Architrave

Chapiteau

Fût

Socle

Entablement

Chapiteau corinthien

Chapiteau dorique

EN HAUT À GAUCHE ET À DROITE, Qu'elles soient des originales ou des reproductions, ces boiseries avec des blocs de coin à œil-de-bœuf et une moulure en denticule peuvent avoir un gros impact sur la fenêtre de cuisine.

À GAUCHE Une moulure busquée caractérise le cadre de cette porte.

La différence entre la fadeur et la distinction se trouve

Éléments de construction d'un pilastre

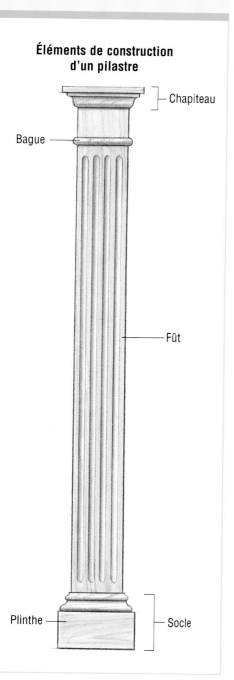

Chapiteau

Bague

Fût

Plinthe — — Socle

À DROITE Le centre d'intérêt dans cette aire de préparation des aliments se trouve dans ce style fédéral américain, dont la fenêtre arquée et richement décorée de boiseries s'agence parfaitement avec les moulures d'armoires et les moulures couronnées.

dans les détails ▮▮▮▮

Encadrement de portes et fenêtres

Style victorien aux moulures busquées

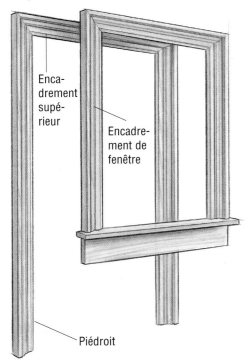

Enca-
drement
supé-
rieur

Encadre-
ment de
fenêtre

Piédroit

Encadrement avec bande et rosace

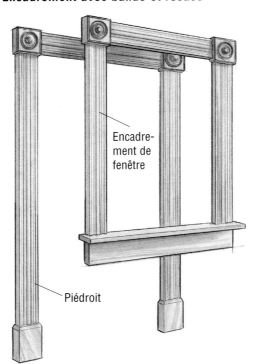

Encadre-
ment de
fenêtre

Piédroit

Encadrement de style Arts and Crafts

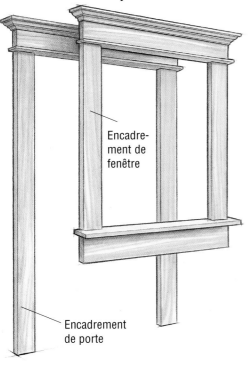

Encadre-
ment de
fenêtre

Encadrement
de porte

Encadrement cannelé avec tête décorative

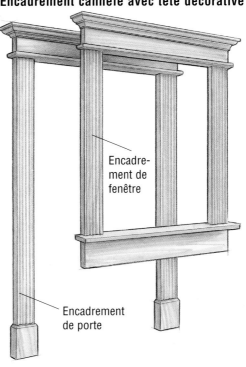

Encadre-
ment de
fenêtre

Encadrement
de porte

PAGE OPPOSÉE EN HAUT Des moulures coquille au rebord plat rehaussent les fenêtres et les portes vitrées qui, autrement, auraient un aspect dénudé dans cette pièce de style contemporain.

PAGE OPPOSÉE EN BAS, À GAUCHE ET À DROITE La façon facile et rapide de créer un design élégant c'est d'appliquer un revêtement mural au-dessus d'un lambris d'appui de planches à baguettes. Ajoutez-y un peu plus d'effet à l'aide de bordures coordonnées de revêtement mural ainsi que de simples moulures de cimaises.

Idée de génie

Le pouvoir de la peinture

Il suffit de peindre une boiserie coquille, d'une jolie couleur contrastante des murs, pour qu'elle ressorte de manière plaisante.

À GAUCHE Des feuilles de revêtement en vinyle sont offertes en plusieurs motifs, incluant cette imitation de briques.

PAGE OPPOSÉE, EN HAUT À DROITE Un plancher de bois est un choix naturel pour une cuisine rustique de style Nouvelle-Angleterre.

PAGE OPPOSÉE, À DROITE Un plancher en carreaux de céramique avec des motifs à losanges fait écho au motif du dosseret d'une cuisine classique en noir et blanc.

EN BAS Le linoléum, un matériau populaire dans les années allant de 1900 à 1950 est de retour avec des modèles et des couleurs améliorés.

Aujourd'hui, la plupart des matériaux de revêtement de sol combinent une belle apparence et une facilité d'entretien, lesquelles qualités sont très importantes et indispensables dans une cuisine. Parce que l'apparence est importante dans cette pièce très visible, vous voudrez un plancher qui s'harmonise avec les armoires et les autres éléments que vous avez choisis. Lorsque vous magasinez, ayez à l'esprit l'harmonie et le ton juste du design. Le bois s'agence bien avec presque tous les styles de cuisine, mais la pierre quant à elle est plus appropriée pour une pièce contemporaine, elle peut ne pas être adaptée pour certaines cuisines traditionnelles, et un matériau minimaliste, comme le béton, se doit d'être utilisé judicieusement. Aussi posez des questions sur l'entretien des matériaux que vous aimez. Évidemment, aucun revêtement de sol n'est complètement sans entretien, mais certains d'entre eux requièrent moins d'attention que d'autres. Combien de temps voulez-vous consacrer au nettoyage? La réponse à cette question vous aidera à choisir. Voici une autre importante question: quelle importance accordez au confort sous vous pieds? Certains matériaux – tels

Revêtements de sol

que le bois, le vinyle et le stratifié – vous en «offrent» plus que les autres. Si vous devez être sur vos pieds pendant de longues périodes de temps à préparer des recettes compliquées pour un grand nombre de personnes, vous aimeriez peut-être aller vers un matériau avec un effet amortissant et renoncer aux autres qui pardonnent moins, comme les carreaux de céramique et de pierre. Renseignez-vous également sur le degré de durabilité. La plupart des matériaux modernes sont conçus pour résister à l'usure, mais si votre cuisine est particulièrement fréquentée par des enfants et des animaux domestiques, vous aurez besoin de quelque chose de particulièrement résistant. Choisissez le produit de la plus haute qualité et le plus durable et évitez de «marchander» des matériaux que vous devrez remplacer dans quelques années.

Le plafond? Le peindre en blanc – personne ne le verra. Si telle est votre attitude, vous manquez une merveilleuse occasion d'introduire des détails et une ambiance chaleureuse dans votre cuisine – et pendant que vous y êtes, d'éliminer des défauts existants à moindre coût.

Même une simple couche de peinture au plafond peut faire toute une différence. Une teinte de peinture pâle, neutre ou pastel sera beaucoup plus intéressante que la peinture blanche et cela augmentera l'effet de luminosité et la sensation de grandeur dans la pièce. Une teinte moyenne ou foncée créera une impression de confort et d'intimité.

Les carreaux et les panneaux de plafond ajoutent différentes sortes de textures et deviennent ainsi partie intégrante du design de la pièce. Il y en a plusieurs sortes sur le marché – certains avec une déli-

Plafonds

cate apparence texturée; d'autres avec des motifs décoratifs plus définis. Les carreaux en métal qui recréent l'allure des plafonds de tôle embossée qu'on retrouvait souvent dans les pièces au tournant du siècle dernier sont également offerts dans une variété de grandeurs, de motifs et de finis, incluant l'étain, le cuivre et le laiton. Ces carreaux produiront un impact certain lorsque vous les ajouterez au décor de votre cuisine de style rustique ou d'époque. Votre cour à bois a en stock des sections de planches bouvetées et à baguettes qui ressemblent aux plafonds des porches d'autrefois, voilà une autre façon d'aller chercher le charme du passé et de l'adapter à une cuisine d'aujourd'hui. Avant que vous n'entrepreniez un traitement du plafond, assurez-vous de rester en harmonie avec l'ensemble de l'âme de la maison et en particulier avec le style de la cuisine.

À GAUCHE Des poutres en bois, nouvellement installées pour créer un charme rustique, semblent être posées depuis toujours.

PAGE OPPOSÉE, EN HAUT De nouvelles tuiles de plâtre suspendues de deux pieds carrés ajoutent instantanément un détail architectural.

PAGE OPPOSÉE, EN BAS À GAUCHE L'allure d'un vieux plafond de tôle embossé couronne cette cuisine traditionnelle.

PAGE OPPOSÉE, EN BAS À DROITE Les planches de bois sont évocatrices de plafonds de porches retrouvés dans les vieilles maisons.

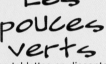

Idée de génie

Les pouces verts

Des tablettes coulissantes de surfaçage dense avec des divisions sont parfaites pour une aire de jardinage.

Contours de **c**omptoirs

Choisissez un contour de comptoir qui s'agence avec le style architectural de la cuisine.

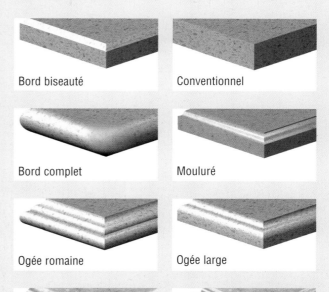

Bord biseauté

Conventionnel

Bord complet

Mouluré

Ogée romaine

Ogée large

Arrondie

À palier

Comptoirs

Le matériau de comptoir le plus populaire aujourd'hui est probablement la pierre, même si ce n'est pas le plus abordable au plan financier. Il est certainement polyvalent et s'agence avec à peu près tous les styles décoratifs. Certains genres de pierre, tels que le granit et le marbre donnent du style, alors que l'ardoise ou la pierre de savon ont un attrait plus rustique. Le comptoir de béton a été initialement considéré comme un comptoir de choix qui était trop lisse pour n'être à sa place que dans les cuisines contemporaines, mais voilà qu'il se voit maintenant apte à s'harmoniser avec toutes sortes de décors, surtout lorsqu'il a été coloré ou incrusté de motifs faits sur mesure. La pierre artificielle et autres semblants de pierre en stratifié de plastique et des matériaux de surfaçage dense offrent une plus grande variété de couleurs que la pierre naturelle, toutefois certaines personnes préfèrent moins d'uniformité dans le motif. Les comptoirs en bois sont beaux, mais pas toujours pratiques dans une cuisine rustique. On verra éventuellement apparaître des tâches et des éraflures sur un comptoir en bois, mais vous pouvez sabler périodiquement les imperfections et sceller de nouveau le bois avec une huile minérale non toxique. Le métal est un matériau très hygiénique et peut être nettoyé sans risque avec un javellisant, en plus d'être est un bel ajout dans une cuisine de style pro ou au design minimaliste. En ce moment, l'acier inoxydable est le métal de l'heure, mais le cuivre avec un enduit protecteur lustré cuit au four a un regain de popularité. C'est un matériau qui s'agence merveilleusement bien avec un agencement de provençal français, mais qui ajoute aussi de la chaleur à un design moderne.

6

L'époque de la salle de bain insipide perçue comme un « mal nécessaire » est révolue. De nos jours, les possibilités d'accroître le confort de cette pièce, de la personnaliser et d'en varier les styles sont illimitées. Les propriétaires ne sont restreints que par l'espace disponible – et l'ampleur de leur budget. Peu importe si vos préférences en décoration penchent vers le traditionnel, le nostalgique, l'avant-gardiste ou le très sophistiqué : les pages suivantes sauront donner vie à vos idées.

Salles de bain

▌ choix du style ▌ meubles-lavabos ▌
▌ les installations ▌ ameublement ▌ murs ▌
▌ parements de fenêtres ▌

Tous les détails de cette salle de bain – le choix des couleurs, les moulures, les luminaires, l'habillage des fenêtres, les accessoires et les éléments artistiques – se complètent et rehaussent l'ensemble de la pièce.

TOUTES LES PHOTOS Lequel des styles suivants vous inspire davantage ? Est-ce la simplicité rafraîchissante du style rustique et campagnard, **À GAUCHE** ; la grâce distinguée et légèrement formelle du style traditionnel, **CI-DESSOUS** ; la nostalgie discrète de l'approche néo-victorienne, **PAGE OPPOSÉE, EN HAUT** ; la sensibilité et l'élégance épurée du style contemporain **PAGE OPPOSÉE, EN BAS À GAUCHE** ; ou la distinction indéniable du design inspiré de la vieille Europe ? **PAGE OPPOSÉE, EN BAS À DROITE**

La salle de bain est un endroit qui vous permet d'exprimer librement vos goûts personnels. Une grande variété de styles s'offre à vous. De nos jours, l'ambiance de la salle de bain est sereine ; le mobilier et les accessoires sont sobres et les lignes épurées ; les matériaux naturels telle la pierre, le verre et même le métal sont plus en évidence. La salle de bain traditionnelle se distingue par un design élégant et raffiné empreint de couleurs riches et chaleureuses, d'accessoires en métal brossé et d'armoires en acajou ou en cerisier à la finition détaillée. La salle de bain rustique pourvue d'une baignoire d'époque ou d'un lavabo sur piédestal est accueillante et informelle. Celle de style campagnard l'est tout autant, mais de manière plus nuancée – teintes pastels, tissus décolorés et rideaux transparents. Les deux styles font cependant amplement usage de mobilier peint en blanc ou de couleur pâle, d'éléments d'osier tressé, de paniers, de lithographies et d'ameublement à la finition patinée. Il faut retenir que le style vieille Europe est d'abord et avant tout… vieux. Tous les éléments – la patine du bois, les teintes ocre, vert olive et rouge rouille – doivent paraître défraîchis sans être pour autant usés. La nouvelle variante du design d'inspiration victorienne peut inclure du mobilier d'époque, mais les armoires, les surfaces et l'habillage des fenêtres sont moins élaborés qu'auparavant.

Choix du style

Moderne contemporain

CETTE PAGE Une partie des installations et des accessoires utiles pour mettre en valeur ce genre de design – une lampe murale à éclairage halogène, **EN HAUT, À GAUCHE** ; un lavabo au-dessus du tablier doté d'une robinetterie forgée à la main, **EN HAUT, À DROITE** ; ou un robinet en acier inoxydable, **EN BAS**.

PAGE OPPOSÉE Cette salle de bain comporte plusieurs des éléments phares du design contemporain – l'absence d'ornements, l'aspect épuré, l'étendue des miroirs et l'utilisation de matériaux naturels tels la pierre, le verre et le métal.

Idée de génie
Un accord parfait
Pour vous assurer que le robinet se déverse à l'angle souhaité dans votre lavabo, achetez les deux éléments en même temps.

Idée de génie

Finies les taches

Si vous n'en pouvez plus des robinets polis maculés de taches d'eau, optez pour une finition satinée.

PAGE OPPOSÉE Le mobilier en bois d'aspect haut de gamme annonce les couleurs du style traditionnel.

À GAUCHE Pour ajouter du cachet, choisissez une robinetterie en laiton à la finition satinée.

EN BAS, À GAUCHE Pour une finition des plus élégantes, utilisez des appliques munies d'un abat-jour en tissus.

CI-DESSOUS Un lambris classique, assorti d'une surface en marbre, donne une bonne mine à cette pièce.

Traditionnel et toujours actuel

PAGE OPPOSÉE Parent proche de l'incontournable style campagnard, le style rustique se caractérise par des couleurs douces et un aspect rafraîchissant et épuré.

EN HAUT L'ameublement d'époque est de mise pour le style rustique.

À DROITE Un ravissant cabinet rafraîchi d'une couche de blanc est tout à fait représentatif de ce style.

Idée de génie

Rangement stylisé

Pour dissimuler l'encombrement des objets peu souvent utilisés, utilisez des paniers décorés ou recouverts de tissus.

EN BAS Les paniers constituent un élément de base de ce style. Ceux-ci sont enrubannés et recouverts de lin.

Vieille Europe

PAGE OPPOSÉE, EN HAUT Un arrière-fond composé de tuiles en céramique simili-pierre souligne le style vieille Europe.

EN HAUT, À GAUCHE Un bras de lumière de style torchère muni d'un support en fer et d'un abat-jour en verre texturé dégage un aspect sensiblement médiéval qui sied bien à l'ambiance vieille Europe.

À GAUCHE L'aspect usagé des rebords et des tuiles décoratives est une composante essentielle à ce style.

EN HAUT La noblesse du bois et les moulures décoratives rehaussent l'ensemble du décor.

Idée de génie

Pièce de résistance

Accentuez l'ambiance vieille Europe à l'aide d'éléments telle cette urne usagée.

PAGE OPPOSÉE Une version épurée d'une baignoire d'époque et de sa robinetterie raffinée injecte une dose de cachet victorien à cette pièce. À l'exception du papier peint stylisé et du cadre ouvragé du miroir, l'ensemble du design demeure entièrement néo-victorien – sobre et discret.

EN HAUT, À DROITE Des paysages encadrés avec goût rehaussent l'ambiance sans la dénaturer.

EN BAS Le coloris de ces tuiles se limite aux teintes de pierres grises.

Néo-victorien

EN HAUT Ici, l'élégante robinette-rie en bronze brossé s'intègre au comptoir de marbre de teinte moka.

À DROITE Ce robinet de couleur bronze antique monté audacieu-sement sur la surface du miroir se déverse dans un lavabo du même ton.

EN HAUT, À DROITE Le chrome poli traverse toutes les époques. Ici, il est enjolivé de pièces de cui-vre étincelantes.

AU CENTRE, EN BAS Le design de ce robinet est singulier. Un levier de chrome émerge d'un bec verseur en céramique qui ressem-ble à un petit pichet.

PAGE OPPOSÉE, EN HAUT À DROITE Une robinetterie en nickel vieillie à la main installée au-dessus d'un bassin en béton teinté confère un aspect légère-ment usagé à l'ensemble.

Les installations

Vous pouvez rehausser le décor et l'aspect fonctionnel de votre salle de bain sans pour autant la rénover entièrement. Il n'est plus nécessaire de sacrifier le panache au détriment de la praticabilité : la technologie a évolué au même rythme que l'élégance des éléments. Les installations les plus simples à remplacer sont le lavabo et la toilette. Des modèles simples et pratiques sont toujours disponibles, mais vous pouvez aussi faire preuve d'audace dans le choix du style, des couleurs, des matériaux et de la finition. En comparant les prix, il est possible de se procurer de belles installations sans saigner vos économies.

Une autre option consiste à changer les robinets. La nouvelle technologie a contribué à l'essor d'une myriade de modèles : de ceux qui contrôlent le débit aux autres qui se déversent dès la détection d'un mouvement des mains – sans compter les nombreuses autres améliorations.

La plupart des lavabos sont fabriqués en porcelaine, en porcelaine vitrifiée ou en fonte émaillée, mais il est possible d'obtenir de nouvelles formes et de nouveaux coloris en verre, en métal, en béton, en surfaçage uni ou en imitation de pierre.

Les toilettes dernier cri sont offertes en plusieurs teintes et formes – de modernes et sculpturales à classiques et architecturales. Certaines reproduisent le style victorien. La plupart sont encore fabriquées à partir de porcelaine vitrifiée, mais de nouveaux modèles en acier inoxydable enjolivés de cuir, de bois et de métal sont disponibles.

EN BAS, À GAUCHE Une console à l'aspect robuste intègre un évier en béton coulé à une structure en bois ; une étagère sert pour le rangement.

EN BAS, À DROITE Les lavabos sur piédestal sont idéals pour les espaces restreints ; le tablier de celui-ci peut contenir savons et brosses à dents.

EN BAS, À GAUCHE Ces lavabos évasés en béton coulé partiellement encastrés dans une console – également en béton coulé – sont d'avant-garde.

EN BAS, À DROITE Dans une salle de bain des maîtres à l'espace restreint, les lavabos sur piédestal occupent peu de place.

À DROITE Ici, l'opulence du style est reflétée par une console en porcelaine à deux éviers munis de robinets en laiton étincelant.

PAGE OPPOSÉE Un mélange parfaitement maîtrisé de matériaux : une structure métallique supporte un tablier de verre dans lequel repose un évier chromé.

Les multiples facettes des lavabos d'aujourd'hui

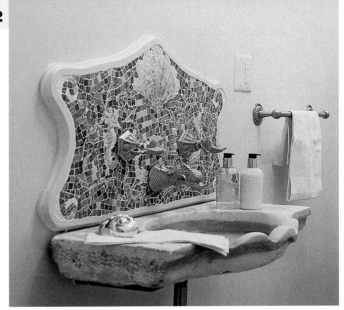

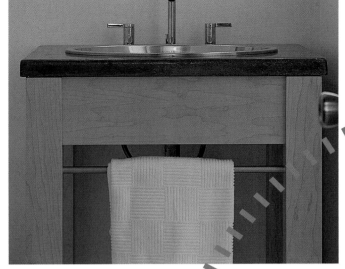

Tendances

▌ **Matériaux exotiques.** Tous les matériaux étanches – ou presque – peuvent servir à construire un lavabo – la pierre, le béton, le verre soufflé bouche ou peint à la main et plusieurs métaux dont l'acier inoxydable, le cuivre, l'étain, l'argent et même l'or. Le bois, malgré son improbable utilité, reflète la tendance actuelle. Au dire des fabricants, le lavabo de bois scellé et prétraité résiste au voilement, au gauchissement et à la putréfaction.

▌ **Le meuble-lavabo.** Des tables, des armoires, des surfaces en marbre et des structures métalliques se métamorphosent en meuble de soutènement pour lavabo. Convertissez l'un de vos meubles préférés ou vérifiez auprès des fabricants.

▌ **La couleur.** Le beige et le blanc ne sont plus à l'ordre du jour. Les propriétaires exigent désormais de la couleur. Cette révolution accompagne la tendance actuelle pour les matériaux exotiques. La palette s'élargit pour inclure du bleu, des rouges vifs, des verts saturés, de la couleur terre et des teintes tropicales telles la mangue, la lime et la tangerine. En plus des couleurs unies, il est possible de commander des motifs peints.

▌ **Les formes.** Les modèles de lavabos ronds et ovales sont disponibles dans tous les coloris pour tous les matériaux. Mais vous pouvez aussi vous en procurer sur mesure de forme carrée, allongée, rectangulaire, de cuvette et bien d'autres configurations sculpturales.

Idée de génie
La vie en rose

La couleur des lavabos se décline à peu près dans toutes les teintes. La preuve : ce lavabo rose au contour curviligne, qui se démarque avantageusement du comptoir en granite noir.

PAGE OPPOSÉE, EN HAUT, À GAUCHE Ce lavabo de béton orné de carreaux de mosaïque est remarquable. Il semble provenir d'un château médiéval.

PAGE OPPOSÉE, EN HAUT, À DROITE Avec leur tablier dégagé, les meubles-lavabos de type console donnent l'impression d'occuper moins d'espace. Celui-ci comprend un lavabo en inox. Il est pourvu d'un porte-serviette pratique.

À GAUCHE Ce meuble-lavabo semble tout indiqué pour la chambre à coucher. Sa surface en granite est incrustée d'un lavabo rose bien proportionné.

EN HAUT, À DROITE Un lavabo encastré dans une installation sur pied en chrome et en marbre dégage une allure rétro du milieu du siècle dernier.

À DROITE Cette cuvette en marbre vert vif peut autant être montée sur le dessus du tablier qu'en dessous de celui-ci.

CI-DESSUS Cette bande de cuivre qui ceinture le réservoir est conçue pour s'agencer avec le bassin en cuivre monté à l'intérieur du lavabo.

EN HAUT Le réservoir et la cuvette de cette toilette ultra-sophistiquée sont en cuivre et le siège est en bois.

À GAUCHE d'aucuns hésiteraient presque à utiliser cette toilette importée de France ornée d'une moulure décorative et de fleurs peintes à la main.

La toilette également peut s'adapter au goût du jour

À GAUCHE ET EN BAS À GAUCHE Ces deux toilettes aux lignes épurées fabriquées à partir de matériaux inusités s'imposent pour la salle de bain moderne. La première toilette est en inox ; la seconde est pourvue d'un siège et d'un panneau de réservoir en cerisier.

EN BAS Inspiré d'un modèle français du 19e siècle, ce trône en frêne comporte des accoudoirs et des figures peintes à la main sur la plaque en céramique. La poignée de la chasse d'eau et le réservoir sont en porcelaine vitrifiée.

Toute l'attention portée au design des éléments de la salle de bain au cours des dernières décennies porte ses fruits. Le meuble-lavabo demeure toujours la pièce maîtresse du rangement, mais son aspect, sa capacité et ses dimensions se sont beaucoup améliorés. Pour accommoder les personnes de plus grande taille, la hauteur des meubles-lavabos en stock varie entre le standard de 76,2 cm (30 po) et 88,9 cm (36 po). La salle de bain des maîtres peut contenir deux meubles-lavabos adaptés aux besoins de chaque utilisateur. La profondeur du meuble peut varier. Un élément d'une profondeur de 45,7 cm (18 po) ajoute une aire de plancher, tandis qu'un modèle d'une profondeur de 60,9 cm (24 po) augmente la capacité de rangement. Un complément de rangement vient souvent s'ajouter sous la forme de tablettes, d'ameublement sur pied ou d'un meuble supplémentaire. Même l'armoire à pharmacie s'est améliorée sur le plan de son aspect, de sa dimension et de sa fonctionnalité.

Apprenez les nuances du langage de l'ameublement. Un meuble-lavabo en stock est un produit manufacturé pré-assemblé. Il est moins coûteux et vous pouvez souvent repartir avec celui-ci le jour même de

Meubles-lavabos

votre achat. Certains modèles sont bien conçus, mais le choix du style, de la dimension et de la finition est limité. En payant plus cher pour un modèle semi-personnalisé, vous obtenez une variété de styles et de finitions. Par contre, ces éléments sont fabriqués en série et ne sont disponibles qu'en format standard. L'ameublement conçu sur mesure constitue l'option la plus avantageuse – et la plus coûteuse – car elle vous laisse la meilleure marge de manœuvre sur le plan du design.

L'ameublement en stock est disponible dans les centres de matériaux et les grands magasins de vente au détail. Un modèle d'une largeur de 91,4 cm (36 po) peut se vendre pour aussi peu que 100 $. Vérifiez bien l'élément – la qualité d'assemblage laisse parfois à désirer. Pour environ 300 $, vous obtenez un meuble semi-personnalisé de même dimension en salle de démonstration. Certains manufacturiers ou ébénistes locaux fabriquent des meubles sur mesure. Ceux-ci sont plus coûteux, mais vous obtenez un produit personnalisé de conception supérieure.

PAGE OPPOSÉE
Cette console au design astucieux est vendue en stock.

EN HAUT Un élément semi-personnalisé à la finition réussie, orné de moulures décoratives.

À GAUCHE ET À DROITE Ces meubles-lavabos personnalisés au rangement diversifié ont été conçus d'après les exigences précises des utilisateurs.

La petite histoire du meuble-lavabo

**Un jour, quelqu'un décida de convertir un lave-mains anti-
que en meuble-lavabo** – peut-être s'agissait-il d'un propriétaire
imaginatif ou d'un décorateur ensemblier futé, mais toujours est-il
que l'idée se répandit rapidement. Aussi, plusieurs propriétaires
demandèrent à leur concepteur et à leur entrepreneur d'imiter ce
genre d'élément… En rompant ainsi avec la monotonie des meubles
fabriqués en série, ce nouveau type d'ameublement ajoutait non seulement un certain charme excentrique à la salle de bain, mais offrait
souvent davantage de rangement. Les fabricants ne tardèrent pas à
adapter une partie de leur collection au nouveau goût du jour. Des

pièces de conception artisanales apparurent, vernies, décolorées puis
ornées de moulures classiques afin de leur donner l'aspect d'une
table, d'une commode ou d'un lave-mains d'époque. Pour pousser
l'idée encore plus loin, les entreprises d'ameublement ajoutèrent des
miroirs, des armoires murales et d'autres accessoires de rangement
au meuble-lavabo. Au début, les concepteurs n'utilisaient que des
meubles antiques, mais après l'implantation de cette tendance, des
pièces plus contemporaines vinrent s'ajouter – commodes distin-
guées, tables consoles profilées – pour répondre aux besoins des
propriétaires qui préféraient un design plus actuel.

Avec ossature ou monobloc

Dans un assemblage avec ossature, un cadre rectangulaire contourne le périmètre intérieur du meuble pour le consolider et y fixer une porte. Les portes de meubles monoblocs affleurent le pourtour du meuble. L'ossature n'est pas visible et les charnières sont souvent dissimulées.

▌ **Monobloc** Concept européen importé au cours des années 1960. Les meubles monoblocs constituent un aspect essentiel des salles de bain de style contemporain. Les portes recouvrent entièrement la façade du meuble et lui donnent un profil épuré.

▌ **Avec ossature** Cette construction permet l'ajout de détails qui conviennent aux salles de bain rustiques et traditionnelles — et à leur nombreuse filiation de styles.

En matière de finition d'ameublement pour salles de bain, le style dénudé cède désormais sa place à un design plus empreint de richesse. Selon les décorateurs ensembliers et autres spécialistes, la tendance actuelle vise à combler le confort physique et visuel de l'utilisateur. Nos somptueuses baignoires et nos douches nous dorlotent, mais nous voulons aussi choyer notre âme d'une ambiance apaisante qui n'a pas toujours eu sa place dans la salle de bain.

L'attrait du confort visuel et de la richesse dans le design ont ouvert la voie pour le retour du bois comme matière de choix –notamment pour les essences nobles et chaleureuses tels l'érable, l'acajou et le cerisier. Les finitions vernies reviennent à la page et s'apprêtent de deux façons : comme revêtement transparent pour enrichir la finition naturelle du bois ; et comme application pour créer l'illusion d'une patine antique. Cette nouvelle tendance se caractérise par des couleurs douces et discrètes. La blancheur crue fait désormais place à des tons blancs plus chaleureux. Les matériaux de finition et les revêtements stratifiés sont peints en blanc cassé de teintes biscuit, de jaune très pâle ou de pastel atténué.

PAGE OPPOSÉE Ce meuble-lavabo se démarque par ses détails de finition somptueux et par l'application de deux teintures à bois distinctes – l'une pâle, l'autre foncée.

EN HAUT, À GAUCHE Les teintes pastel et d'aspect crémeux, tel ce jaune beurre atténué, effectuent un retour.

EN HAUT Ce meuble luxueux à la finition vernie et décolorée possède le charme du mobilier défraîchi de votre grand-mère.

À GAUCHE Les revêtements en stratifié se nettoient facilement et sont peu coûteux. Ils constituent une finition de choix depuis fort longtemps.

EN HAUT Cet aménagement possède l'aspect chaleureux d'un ameublement d'époque. Le charme somptueux est accentué par une teinture à bois foncée, un tablier en marbre et une lampe en porcelaine.

À DROITE L'atmosphère qui se dégage de cette salle de bain au mobilier en bois, à la quincaillerie en cuivre et au miroir surdimensionné s'apparente à celle d'une salle d'habillage de manoir anglais.

Ameublement

La popularité croissante des meubles-lavabos engendre à son tour une autre tendance – le « mobilier » de la salle de bain. Au lieu de s'en tenir simplement à un meuble-lavabo, les concepteurs équipent désormais les salles de bain de plusieurs éléments sur pied qui semblent provenir d'autres pièces – du salon, de la chambre à coucher ou même de la cuisine. Les salles de bain actuelles – surtout celles des maîtres – sont de plus en plus grandes. Aussi peuvent-elles accommoder des installations de plus grandes dimensions : armoires, commodes et bahuts. Ce type d'ameublement ajoute également une touche de bien-être et de confort trop peu souvent associées à cette pièce. Personnalisez votre salle de bain en y apportant des éléments des autres pièces ou en parcourant les antiquaires et les marchés aux puces. Si ce type de sorties vous rebute, dirigez-vous plutôt vers les fabricants d'ameublements. La plupart proposent désormais des ameublements de qualité fabriqués sur mesure. Non seulement cette nouvelle approche rehausse-t-elle l'aspect de votre salle de bain – elle en augmente également la capacité de rangement. Une splendide armoire de 1,8 m (6 pi) permet de ranger plus d'objets qu'un meuble standard ; il en est de même pour les meubles-lavabos de types « commode », avec leurs nombreux tiroirs aux dimensions variées.

EN BAS Au moment de réaménager la salle de bain, les portes en verre sablé sont un choix possible. Ici, elles rehaussent la noblesse de cette finition antique.

À DROITE Les armoires offrent un mode de rangement pratique et attrayant. Pour un bel effet, disposez le contenu de manière ordonnée puis laissez la porte entrouverte.

Mobilier agencé

PAGE OPPOSÉE, EN HAUT Les détails et la finition de cet assemblage constitué de trois éléments confèrent un aspect de simplicité et d'efficacité à l'ensemble.

PAGE OPPOSÉE, EN BAS Des moulures décoratives et une teinture à bois couleur cerisier embellissent un meuble-lavabo de type « commode ». La grande armoire sert à ranger les serviettes.

À DROITE Cet ensemble se distingue par une couche de glacis couleur cerisier, une abondance de compartiments et des astragales sur les tiroirs et sur le devant des portes.

EN BAS Le vert mousse tendre est une nouvelle couleur de salle de bain qui s'harmonise très bien avec la porcelaine et les éléments muraux aux portes vitrées.

Idée de génie

Chaque chose à sa place

Avec ses armoires et ses tiroirs de dimensions pratiques, ce mobilier inspiré des éléments de la cuisine optimise le rangement.

La couleur est l'outil de décoration le plus essentiel. Faites-en votre alliée, car c'est également l'élément le plus simple à modifier. Mais alors, pourquoi tant de gens s'en tiennent-ils autant aux teintes neutres? Changer une couleur démodée appliquée sur un plafonnier peut être coûteux, car habituellement vous devez changer le plafonnier. Par contre, de nouvelles peintures spécialisées vous permettent de remettre la céramique et la porcelaine à neuf pour une fraction du coût de remplacement.

Murs

Si vous tenez tant à votre blanc ou à votre beige pour la baignoire, la toilette et le lavabo, ajoutez plutôt de la couleur aux murs ou à vos accessoires. Choisissez simplement un pot de peinture et voyez avec quelle facilité une couleur peut transformer l'aspect d'une pièce. Si le résultat vous déplaît, changez de couleur et recommencez. C'est un procédé bon marché, facile à appliquer.

Rien n'est plus simple que d'évaluer l'effet d'une couleur dans une pièce : appliquez-la sur un carton blanc puis accrochez-le au mur durant quelques jours. Examinez la couleur à la lumière du jour ; puis le soir venu, observez-la sous différents éclairages artificiels. La couleur vous semble-t-elle toujours aussi attrayante ? De quelle manière influe-t-elle sur l'espace environnant à différents moments de la journée ? Même si vous pensez recouvrir un mur de carreaux ou de papier peint, déterminez la couleur dominante, trouvez une peinture assortie puis livrez-vous à l'exercice précédent.

À GAUCHE Un contraste des plus attrayants est créé par la démarcation entre le bleu vif des murs et la blancheur du lambris, des étagères et des installations.

EN HAUT Peindre une petite surface peut avoir un impact considérable. Ici, une bande rouge peinte au-dessus du lambris blanc cassé se détache nettement. Les rideaux assortis complètent le tout.

À GAUCHE Le lambris
d'appui vert pomme s'assortit
à merveille aux murs mauves
de cette salle de bain.

EN HAUT L'originalité d'un
voilage à la romaine jumelé au
vert intense des murs rehaussent le charme d'une salle de
bain d'une autre époque.

À DROITE Des linges de toilette aux teintes éclatantes
peuvent aussi décorer la pièce.

EN BAS Un revêtement mural à l'arrière-fond sobre et apaisant. L'aspect de cette pièce est bonifié par la bordure décorative ludique et la ravissante fenêtre peinte en trompe-l'œil.

À DROITE La couleur peut parfois souligner certaines caractéristiques. Ici, la robinetterie altérée en cuivre se démarque des murs vert acide lustrés.

PAGE OPPOSÉE, À DROITE La couleur éclatante des murs insuffle la vie à cette salle de bain d'époque. Le ton tranchant fait ressortir la blancheur des installations et du lambris d'appui.

Peinture et **p**apier **p**eint

Avant de choisir une nouvelle couleur, examinez d'abord le choix d'étoffes, de peintures et de papiers peints qui s'offre à vous. Les salles de bain possèdent plusieurs surfaces réfléchissantes. À moins de vouloir rehausser cet aspect, optez pour des peintures semi-lustrées et des finitions mates.

Si vous êtes préoccupé par l'humidité – surtout dans une pièce sans évacuation d'air – choisissez des produits qui contiennent des agents antimoisissures. Les salles de bain constituent une zone de reproduction idéale pour les moisissures. Lorsqu'elle s'infiltre derrière le papier peint, la moisissure finit par s'attaquer directement au revêtement mural. Fort heureusement, il existe un grand nombre de colles et de produits conçus spécifiquement pour les salles de bain.

EN HAUT ET À DROITE Les couleurs somptueuses du revêtement mural s'harmonisent aux installations et aux éléments architecturaux pour créer une ambiance résolument vieille Europe. La douche est nichée en retrait de l'alcôve en pierre aux bordures de carreaux.

PAGE OPPOSÉE L'arrière-fond bleu-gris parcouru d'étoiles contribue à la sérénité que dégage cette pièce. Le bras de lumière et le cadre argenté du miroir ajoutent à l'ensemble.

EN HAUT Cet aménagement possède l'aspect chaleureux d'un ameublement d'époque. Le charme somptueux est accentué par une teinture à bois foncée, un tablier en marbre et une lampe en porcelaine.

À DROITE L'atmosphère qui se dégage de cette salle de bain au mobilier en bois, à la quincaillerie en cuivre et au miroir surdimensionné s'apparente à celle d'une salle d'habillage de manoir anglais.

PAGE OPPOSÉE Ce meuble-lavabo se démarque par ses détails de finition somptueux et par l'application de deux teintures à bois distinctes – l'une pâle, l'autre foncée.

EN HAUT, À GAUCHE Les teintes pastel et d'aspect crémeux, tel ce jaune beurre atténué, effectuent un retour.

EN HAUT Ce meuble luxueux à la finition vernie et décolorée possède le charme du mobilier défraîchi de votre grand-mère.

À GAUCHE Les revêtements en stratifié se nettoient facilement et sont peu coûteux. Ils constituent une finition de choix depuis fort longtemps.

Le choix du modèle

Après avoir choisi votre schéma de couleurs, développez ce thème avec des étoffes et du papier peint. Avant de choisir, il est essentiel de considérer deux aspects : l'emplacement et la dimension de la pièce. Examinez les aires adjacentes, surtout celles que vous devez emprunter pour vous rendre à la salle de bain. Traitez celles-ci de façon séquentielle. Si vous aimez les rayures mais que le couloir attenant est recouvert d'un papier peint aux motifs floraux, agencez plutôt les couleurs. Dans une petite salle de bain, évitez les lithographies trop chargées. En contrepartie, ce même élément peut rendre un espace surdimensionné plus accueillant. Les motifs verticaux ajoutent de la hauteur à une pièce. Inversement, les motifs horizontaux dirigent le regard autour de la pièce. En général, les motifs conviennent mieux aux décors traditionnels. Pour un style contemporain, optez pour des motifs plus subtils afin que le revêtement mural ne détonne pas trop de l'architecture et des matériaux. Évitez les décorations dernier cri – à moins de vouloir refaire la décoration toutes les deux années.

P arez vos fenêtres de salle de bain pour atteindre le niveau de confort et de qualité de design souhaités. Commencez par tenir compte du climat dans lequel vous vivez. Pour un climat chaud, l'habillage des fenêtres doit bloquer la lumière intense du soleil, surtout si la pièce fait face au sud ou vers l'ouest. Pour un climat frais, isolez vos fenêtres pour couper les courants d'air durant l'hiver – surtout si votre salle de bain est orientée vers le nord. Il faut ensuite considérer l'intimité. Si la fenêtre de votre salle de bain est visible depuis la cour ou une maison du voisinage, optez pour un parement qui se ferme facilement afin d'obstruer tous les points de vue. Enfin, examinez le type de fenêtres que vous désirez, leur aspect, leur dimension, mais surtout – votre budget. Bien entendu, il est préférable de choisir du matériel facile à nettoyer.

Parements de fenêtres

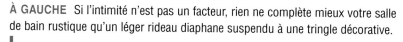

À GAUCHE Si l'intimité n'est pas un facteur, rien ne complète mieux votre salle de bain rustique qu'un léger rideau diaphane suspendu à une tringle décorative.

EN HAUT Les stores à lattes horizontales conviennent à l'aspect traditionnel de cette salle de bain. Ils s'ajustent facilement au gré de l'ensoleillement.

EN HAUT, À DROITE Les volets en bois aux lattes ajustables ajoutent du charme à la pièce. Ils maintiennent l'intimité et laissent pénétrer l'air et la lumière.

À DROITE Un store enroulable en tissu est une ravissante façon d'avoir de l'intimité. Celui-ci s'enlève facilement du tendeur pour être nettoyé.

La touche finale des parements de fenêtres

PAGE OPPOSÉE Dans une salle de bain de style traditionnel, une embrasse qui retient le rideau ajoute une touche d'élégance et libère l'accès à la manivelle.

PAGE OPPOSÉE, EN HAUT À DROITE Lorsque deux motifs dépareillés sont composés de couleurs semblables – tel qu'il est illustré par ces rideaux et ce revêtement mural – ils peuvent être juxtaposés.

À GAUCHE Le charme discret des stores plissés convient au style épuré des fenêtres à ventaux. Ils peuvent simplement orner la fenêtre ou s'intégrer avantageusement à du tissu.

EN BAS, À GAUCHE Un voilage à la romaine taillé sur mesure se monte et se descend avec facilité.

EN BAS Dans une maison plus ancienne, une lumière abondante pénètre par le fenêtrage ; pour plus d'intimité, des volets de bois en panneaux pleins se referment sur la partie

7

Si la chambre à coucher n'était que fonctionnelle, elle ne contiendrait qu'un lit, une commode et une table de chevet. Mais cette pièce doit s'adapter à un monde où règne désormais la multiplicité des tâches. Elle peut autant servir d'emplacement pour payer les factures, faire de l'exercice, se détendre en famille, regarder la télévision, ranger quelques objets – et bien d'autres choses encore. Mais avant de redessiner votre chambre à coucher, il est essentiel de prioriser la création d'un environnement propice à un sommeil de qualité. Ce chapitre vous propose des solutions attrayantes pour accéder à un plus grand confort.

Chambres à coucher

I votre sanctuaire I un sommeil de qualité I
I chambres d'enfants I chambres pour bébé I

Le schéma décoratif d'un bleu et blanc apaisant constitue la clé de cet environnement propice à la détente. L'absence de fouillis et l'aménagement ordonné du mobilier accentuent l'ambiance paisible.

Quel est l'endroit idéal pour échapper à la pression et aux tracas du quotidien, si ce n'est la chambre à coucher? Peu d'endroits favorisent autant l'accès à l'intimité et à la tranquillité. Ces qualités en font un lieu de refuge personnel par excellence. Partez d'une émotion – du sentiment qui vous habite lorsque vous vous retrouvez dans un environnement paisible. Puis tentez de reconstituer cette ambiance avec des couleurs, des textures, un ameublement et des accessoires.

Il est sans doute plus évident et plus simple de commencer par la couleur. Votre choix aura un impact direct sur toutes les autres décisions rattachées au décor de la pièce. Une couleur en particulier vous rend-elle heureuse (ou heureux) ou maussade? Si oui, elle est à prendre ou à laisser dans l'ensemble de votre schéma. Peut-être aimez-vous davantage une teinte plus discrète qui incite à la contemplation et à l'introspection. Ou peut-être souhaitez-vous intégrer deux couleurs – ou davantage – qui s'harmoni-

Votre sanctuaire

sera au décor pour fournir à l'ensemble une certaine cohérence.

Si la chambre principale est vaste, utilisez l'ameublement pour créer de l'intimité. Pour un lieu de retraite intime, choisissez un lit à colonnes avec baldaquin. Disposez des chaises dans un coin de la pièce pour faciliter la conversation ou encourager la lecture. Transformez un autre coin en salle d'habillage pourvue d'une penderie et d'un paravent. La même règle s'applique pour les pièces de petite dimension: plus celle-ci est chargée, plus l'espace semble restreint. Si vous avez besoin de mieux respirer, limitez votre ameublement au strict minimum.

À GAUCHE Un tapis en laine au motif de treillis augmente le niveau de confort de cette pièce et souligne le décor rustique d'inspiration anglaise. La finesse d'ornementation des tissus de cette pièce est subtile et distinguée.

EN HAUT La fenêtre en baie de cette chambre baigne dans la lumière. C'est l'emplacement idéal pour prendre le petit déjeuner, le thé en après-midi ou un chocolat chaud avant d'aller au lit.

À DROITE Ici, tous les regards convergent nécessairement vers le lit. Des panneaux de draperie et une cantonnière festonnée sont suspendus au-dessus de la tête du lit. Tous les éléments du décor reflètent le motif des rideaux.

À GAUCHE Ce lit à colonnes de type Adirondack semble rustique, mais un grand soin a été apporté pour le rendre confortable : literie de velours, abondance de tissus pour les rideaux et les volants du cache-sommier, ainsi que plusieurs accessoires inspirés de la nature.

EN HAUT Certains spécialistes dans l'étude du sommeil s'opposent à la présence d'un téléviseur ou d'un ordinateur dans la chambre à coucher – mais cela reste un choix personnel.

PAGE OPPOSÉE Pour un dépaysement, cette chambre est quelque peu exotique et non traditionnelle. Le lit plate-forme est recouvert d'une couette en velours bourrée de duvet. Un paravent importé remplace la tête de lit.

Passeport pour la détente

De la couleur, aux textures, aux accessoires – il existe plusieurs façons de rendre votre sanctuaire personnel plus apaisant.

1. **Un éclairage bien dosé.** Un éclairage cru en plongée élimine toute chance de créer un refuge propice au repos. Une lumière trop blafarde assombrit la pièce et rend l'ambiance terne. Équilibrez les entrées de lumière naturelle avec un éclairage d'appoint situé près du lit, sur une coiffeuse, ou sur la table d'une aire de détente.

2. **Une literie de qualité** suggère luxe et décadence – deux qualités propices à la détente.

3. **Ne surchargez pas** trop la pièce d'accessoires. Trop d'éléments distrayants nuisent à l'ambiance apaisante.

4. **Accordez de l'importance aux textures.** Le plaisir tactile y est pour beaucoup dans le confort d'une pièce.

5. **Entourez-vous d'objets que vous affectionnez.** Une couleur préférée, la photo souvenir d'un voyage mémorable – tout ajout susceptible de vous faire sourire représente un bon choix.

6. **L'importance de l'intimité.** Même si vous partagez la pièce avec d'autres membres de la famille, réservez des moments précis pour le repos ou l'intimité. Accrochez un petit panneau à la poignée de votre porte ou annoncez tout simplement l'heure à partir de laquelle vous interdisez l'accès à votre chambre.

7. **Les couleurs neutres** favorisent la sérénité, mais si vous préférez une teinte en particulier, n'hésitez pas à l'utiliser. Une chambre aménagée dans la couleur de votre choix invite à la détente.

8. **Ajoutez de l'ameublement** qui incite à la détente – une chaise longue ou moelleuse avec des coussins, un jeté et des oreillers sont parfaits pour faire une sieste ou lâcher prise.

9. **Utilisez des éléments naturels** tels les plantes, les meubles en bois et les tissus en coton 100 %. Il est difficile de surpasser le charme et l'élégance de Dame Nature...

10. **Pour encourager la méditation** et bénéficier d'un point de vue apaisant, orientez vos chaises ou votre lit en direction de la fenêtre

Un sommeil de qualité

Une bonne nuit de sommeil est l'un des plaisirs simples de la vie. Pour vous assurer du confort de votre chambre à coucher, commencez par l'élément le plus essentiel : le matelas. Peu importe son niveau de fermeté, il doit d'abord et avant tout vous sembler confortable. Avant d'acheter un matelas, mettez-le à l'essai en vous allongeant dessus. Pour reproduire les mêmes positions que celles adoptées lorsque vous êtes couché, apportez-vous des oreillers. Votre poids devrait être supporté équitablement ; lorsque vous tournez sur vous-même, vous ne devriez pas ressentir les ressorts.

En ce qui a trait à la dimension, considérez l'espace requis par chacun des utilisateurs et le nombre d'oreillers nécessaires pour vous assurer un sommeil de qualité.

Les draps également jouent un rôle important. Ironiquement, plusieurs personnes les choisissent en fonction de leur aspect. L'agencement est important, mais c'est la sensation que procurent les tissus qui devrait primer lors de votre achat. Privilégiez les draps au tissage très serré pour leur effet apaisant et les couvertures et les couettes qui vous tiennent au chaud sans vous emmitoufler à outrance. Les draps de bonne qualité possèdent une contexture d'au moins 200 brins par pouce. Il existe plusieurs fibres et matériaux, mais rien n'égale la longévité et la sensation luxurieuse du coton à 100 %. Dressez votre lit en plusieurs couches de manière à pouvoir en retirer ou en rajouter une au besoin tout au long de la nuit.

Enfin, l'importance de l'oreiller n'est pas à négliger. Les garnissages les plus communs sont constitués de duvet, de polyester et de fibres synthétiques. Encore une fois, c'est la sensation de confort lors de son utilisation qui devrait guider votre choix. Un bon oreiller maintient votre tête et l'aligne de façon naturelle avec votre colonne vertébrale. Si vous ressentez une pression sur votre épaule lorsque vous êtes allongé sur le côté, votre oreiller est trop mince. Si votre tête est inclinée à un angle prononcé, votre oreiller est trop épais.

Idée de génie
Un appui de taille

Selon le Conseil canadien pour un meilleur sommeil, la qualité d'un matelas est directement proportionnelle au nombre de ressorts et à la qualité des matériaux de rembourrage. « Les couches de matériaux isolent et protègent le corps du système de ressorts », affirme le Conseil.

À DROITE Si vous envisagez l'achat d'un lit ancien comme celui-ci, attendez-vous à débourser aussi pour un matelas et un sommier conçus sur mesure. La literie standard d'aujourd'hui n'est probablement pas compatible. Aussi, avant d'acheter, vérifiez les dimensions – ou optez pour une reproduction qui possède le même cachet qu'un lit antique, mais sans les tracas.

Idée de génie

Confort assuré

Disposez des coussins de tous genres sur votre lit. Pour un point de vue intéressant, variez les couleurs, les formes, la dimension et les motifs. Au moment de vous allonger au lit pour lire ou regarder la télévision, utilisez ces coussins pour maintenir votre tête ou supporter le bas de votre dos. Les housses lavables sont pratiques.

Les agréments ajoutent au confort

EN HAUT La sublime soie couleur lavande qui recouvre ce lit s'agence avec les rideaux. Dorlotez-vous en utilisant des matériaux riches ou luxurieux. Certains tissus délicats doivent être nettoyés par des professionnels.

À DROITE Le petit déjeuner au lit – même occasionnel – vous donne l'impression d'être en vacances – ne serait-ce que pour une heure. Pour le week-end, échappez à la routine en enjolivant votre chambre avec des fleurs.

À GAUCHE Un tabouret au pied de chaque lit permet d'augmenter le nombre de places assises. On peut aussi y déposer une couverture de surplus, un ordinateur portable ou un plateau pour l'heure du thé.

EN BAS, À GAUCHE Si l'espace vous le permet, aménagez une aire de détente. Ici, une chaise longue, une chaise rembourrée et une petite table favorisent la détente et la conversation. Cet aménagement permet de réserver le lit uniquement pour le sommeil.

EN BAS, À DROITE L'alcôve est pourvue d'une banquette assortie de coussins. Cet endroit n'est pas assez spacieux pour y faire la sieste, mais il offre tout de même une aire de repos.

Du panache dans la chambre principale

PAGE OPPOSÉE La finition lustrée de cet ameublement contemporain est distinguée. La lumière projetée au plafond par le système d'éclairage installé au-dessus du lit crée une ambiance dramatique. L'intensité de l'éclairage peut être accentuée au besoin ou tamisée pour favoriser la détente.

EN HAUT, À GAUCHE ET À DROITE Lorsque ce foyer n'est pas utilisé, il se transforme en niche pour fleurs fraîches ou séchées – un ajout attrayant et une manière astucieuse d'occuper un espace inesthétique. La pièce mène directement à une véranda.

À DROITE L'escalier tournant qui mène à la mezzanine constitue le centre d'attraction de cette pièce. Les rideaux agencés au cache-sommier atténuent le mur situé derrière la tête de lit.

À GAUCHE Disposez-vous d'une pièce supplémentaire ? Un lit à une place et une table de chevet sont tout ce qu'il vous faut pour accommoder confortablement un invité pour la fin de semaine.

EN BAS La vivacité des couleurs et des motifs rend cet espace attrayant. Une lampe fantaisiste et des fleurs ajoutent une élégance toute simple.

PAGE OPPOSÉE La décoration de votre résidence secondaire doit allier confort et sobriété. Ici, un patio adjacent invite à la détente. La parure des fenêtres est dépouillé des stores s'enroulent pour laisser pénétrer la lumière.

Chambres d'invités

Aménagez un espace adapté aux besoins de vos invités. Un endroit où ils peuvent dormir, travailler ou simplement se détendre. Accentuez l'aménagement avec de petites touches attentionnées – un réveille-matin, des livres et un ensemble de serviettes moelleuses. Vos invités se sentiront accueillis avec distinction.

Un autre avantage conféré par la chambre d'invité est celui de pouvoir la décorer dans un style tout à fait autre que celui de votre chambre à coucher. Cela vous permet aussi d'offrir un espace privé à vos amis. Commencez par acheter une literie de bonne qualité. Accentuez vos couleurs préférées puis choisissez un ameublement qui vous semble intéressant.

Pour que vos invités se sentent véritablement chez eux, pensez à l'aspect fonctionnel de la pièce – un bureau pour le portable, une chaise pour la détente, une radio (ou une télévision) et des revues. Un espace dans un placard est toujours apprécié, même si ce n'est pas le placard au complet. Remplissez un panier de petits agréments : brosse à dents, shampoings, serviettes fraîches et savons parfumés. Pour une pièce plus accueillante, évitez le fouillis.

Si des invités ne séjournent pas souvent chez vous et que la chambre n'est pas utilisée, vous pouvez vous y reposer le temps d'un après-midi ou d'une fin de semaine.

Chambres d'enfants

La chambre d'enfant représente l'occasion rêvée d'exprimer votre fantaisie. Votre élan créateur peut s'inspirer d'une passion de votre enfant – le sport, les chevaux, les poupées ou même un personnage de dessins animés. Voici bien sûr, le secret : écouter les idées de votre enfant. Après tout, c'est elle ou lui qui occupera le plus souvent cet espace – d'où la nécessité de rendre l'ambiance enjouée et accueillante.

Considérez à quelles fins la chambre sera utilisée. Certains propriétaires s'emballent tellement lors du processus de création qu'ils conçoivent une chambre qui ne correspond plus aux besoins de leur enfant. La chambre représente un espace pour dormir, mais aussi pour lire, jouer, étudier, travailler à l'ordinateur ou passer du temps avec des amis. Au moment d'élaborer votre plan de décoration, assurez-vous d'emblée que celle-ci s'harmonise à l'ensemble de ces activités.

Pour économiser temps et argent, choisissez un ameublement durable. Vous aimeriez peut-être aménager la chambre d'enfant d'une couchette et d'une table à langer coûteuse, mais ces objets seront déjà désuets en l'espace de deux ans. Pour les articles à vocation temporaire, privilégiez les produits à prix modiques – puis investissez dans ce qui se fait de mieux pour le bureau, la commode et la tête de lit. Ces éléments s'adapteront aux besoins de l'enfant pour plusieurs années.

La literie est la façon la plus simple et la moins onéreuse de modifier l'aspect d'une chambre. Efforcez-vous de l'agencer aux autres éléments ou de l'utiliser comme point de départ à votre schéma de décoration. Mais surtout, choisissez des tissus lavables.

PAGE OPPOSÉE Le thème bleu-blanc-rouge de cette chambre est assorti d'ornements patriotiques américains – des étoiles suspendues au mur et une tête de lit aux couleurs du drapeau.

EN HAUT Répartissez le thème dans l'ensemble de la pièce à l'aide de détails. Ce coussin est un rappel du motif étoilé des figures suspendues.

Idée de génie

Un cœur d'enfant

L'élément-surprise laisse une impression favorable : une disposition de mobilier inattendue ; l'application de peintures texturées originales ; du papier peint posé ailleurs que sur les murs ; des fenêtres parées de façon fantaisiste…

Décoration ludique pour chambre de rêve

PAGE OPPOSÉE Le papier peint fleuri posé au plafond souligne avec discrétion la thématique de cette petite chambre aux accents de jardin de campagne.

EN HAUT, À GAUCHE Quelques accessoires placés avec discernement complètent l'ensemble – tel ce chalet peint à la main.

EN HAUT Un baldaquin au tissu vaporeux raccorde le papier peint du plafond au dessus-de-lit et rassemble les deux lits disposés le long des murs.

À GAUCHE Qui pourrait croire qu'un téléviseur se niche à l'intérieur du « chalet » ? Un design épuré atténue les éléments visuels distrayants.

Les couleurs denses donnent vie au décor

PAGE OPPOSÉE Ici, le bleu foncé pré-
domine. Pour éviter que cette couleur
n'assombrisse trop la pièce, la moitié
du mur seulement en est recouverte.
Du rouge et des teintes de blanc atténuent l'intensité du bleu.

EN HAUT Les finitions patinées laissent
transparaître les couleurs coordonnées
et soulignent l'aspect « americana »
de l'ensemble.

EN HAUT, À DROITE Une tête de lit en
piquets de bois peints aux couleurs du
drapeau américain constitue le pôle
d'attraction de cette pièce.

À DROITE Une ardoise au contour
rouge ajoute de la fantaisie à l'ensemble
et procure un contraste attrayant aux
panneaux bleus.

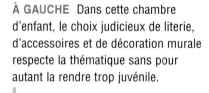

Idée de génie

Plein la vue

Ne transformez pas seulement les éléments en vue, mais aussi les espaces adjacents. Dans cette chambre à la thématique maritime, le placard se moule au décor – les cloisons de rangement évoquent celles des navires.

À GAUCHE Dans cette chambre d'enfant, le choix judicieux de literie, d'accessoires et de décoration murale respecte la thématique sans pour autant la rendre trop juvénile.

EN HAUT, À DROITE Le ciel bleu peint au plafond évoque les cieux sous lesquels naviguent les matelots. Le faux fini s'obtient à l'aide d'une éponge.

À DROITE Une place pour chaque chose et chaque chose à sa place – voilà le principe qui explique la présence de ces tiroirs et de ces cloisons. Les étagères sont idéales pour le rangement : elles peuvent contenir une diversité d'articles, y compris des chaussures, des vêtements, des couvertures ainsi qu'une variété de récipients pour le matériel d'artiste.

PAGE OPPOSÉE Un motif arlequin de ton pastel évoque des rideaux ouverts – la toile de fond idéale pour la retraite royale d'une jeune fille.

À DROITE Une installation inspirée de la thématique royale orne une commode.

EN BAS Des boutons décoratifs collés avec de la cire chaude ajoutent de la profondeur à la toile de fond arlequin.

EN BAS, À DROITE Juchée sur un mur, sa majesté la reine lapin observe ses sujets d'un œil averti.

L'enchantement de la chambre d'enfant

Idée de génie

De main de maître...

Les peintures murales transforment la chambre d'enfant en pays des merveilles. Considérez les murs de cette pièce comme une toile vierge au service de votre thématique.

Chambres pour bébé

Quoi de plus mignon qu'un lit d'enfant orné de boucles et de volants. En matière de décoration, la planification d'une chambre pour nouveau-né représente assurément l'une des expériences émotives les plus marquantes. Aussi faut-il se méfier des débordements et des dépassements de coûts lors de vos achats. Sachant cela, tenez dès lors votre budget – et vos sentiments – en laisse au moment de planifier la chambre de votre poupon.

Comme lors de la conception d'une chambre pour enfant plus âgé, l'élaboration d'un thème facilite la décoration. Plusieurs options s'offrent à vous. Vous pouvez déterminer la couleur de la pièce et les éléments décoratifs à partir du style de la literie et des accessoires. Ou encore, rendez-vous dans un magasin de tissus. Un modèle d'étoffe peut déclencher une idée tout à fait unique pour la chambre de votre enfant: scènes victoriennes, géométrie rétro... Considérez le style d'époque ou inspirez-vous d'un mobilier danois contemporain que vous possédez pour la décoration de vos fenêtres et déterminez le choix de la literie et de vos tapis. Ainsi, le style de la chambre reflétera la même époque que celle du restant de la maison.

Optez pour des couleurs pâles. Au cours des premiers mois, les poupons n'entrevoient que des contrastes crus. Plus tard, le noir et le blanc, le rouge et le blanc, de même que le bleu foncé et le blanc constituent des choix convenables. Il en est de même pour les motifs. Une scène pastorale est charmante, mais il est plus facile pour un bébé de discerner des formes plus prononcées.

PAGE OPPOSÉE Les couleurs de base sont composées du bleu et du jaune pâle. Pour un décor unisexe et facile à modifier, choisissez des couleurs et des motifs simples.

À GAUCHE Une banquette encastrée constitue un charmant ajout à la chambre de l'enfant – surtout avec ce bras de lumière agencé. Lorsque votre enfant grandira, enlevez la banquette pour y nicher un petit bureau. L'espace réservé à l'heure du conte servira désormais à faire les devoirs.

EN BAS Pour concevoir l'aménagement d'une chambre ou en accentuer le style, utilisez des articles textiles. Ce ravissant tapis crocheté peut être étendu au sol ou encadré comme une œuvre d'art et être suspendu au mur.

Une ravissante chambre pour bébé

OPPOSÉ L'élégance de la toile n'est pas uniquement réservée aux adultes. Ici, des tissus et du papier peint au motif harmonisé procurent un lieu de repos distingué pour bébé.

EN HAUT Le mobilier blanc, les tissus pastel et l'aspect décoloré de la bordure et du papier peint nimbent cette chambre d'un charme léger et aérien.

À DROITE Les bandes blanches et bleues du tapis en coton sont coordonnées au motif de la literie de la couchette.

L'**ABC** d'une **c**ouchette de **q**ualité

De nos jours, les couchettes possèdent autant d'options et de suppléments que les voitures – et elles sont assorties de la même facture salée. Que faire ? Voici quelques conseils.

La sécurité avant tout. Les nouvelles couchettes répondent aux exigences de sécurité d'aujourd'hui. Si vous achetez une antiquité ou une couchette d'occasion, assurez-vous que l'espacement entre les barreaux ne dépasse pas 5,8 cm (2 $^3/_8$ po) afin d'éviter que votre enfant ne s'y coince la tête. Peu importe le lit choisi, assurez-vous du bon fonctionnement du verrou qui maintient le côté amovible en place. Le matelas doit être ferme et

ajusté serré : un espace de moins de 2,5 cm (1 po) doit se trouver entre ses rebords et les côtés de la couchette. La finition doit être lisse, sans brèches, sans vis lâches et sans peinture écaillée. Les suppléments tels les roulettes, les tiroirs ou les baldaquins amovibles sont pratiques, mais ils ne sont pas indispensables.

Il existe des couchettes standard, avec tête de lit et pied de lit ; convertibles, qui se transforment en lit à deux places ; à baldaquin, aux tissus vaporeux qui cascadent ; et rondes ou ovales, prisées pour leur forme distincte. Plus le lit d'enfant est unique – ou s'il est fabriqué sur mesure – plus il est coûteux.

L'essentiel pour la chambre d'enfant

Il en coûte cher d'aménager une chambre de bébé. L'ameublement et les accessoires ne constituent qu'un seul aspect du budget. Fort heureusement, les éléments strictement nécessaires sont peu nombreux. Commencez par les articles de base puis de temps à autre, ajoutez des objets qui vous facilitent la tâche et qui agrémentent la vie de votre bébé.

- Couchette
- Table à langer
- Berceuse, chaise confortable ou fauteuil coulissant
- Commode
- Table de chevet
- Éclairage
- Revêtement de sol
- Lampe de table
- Mobile
- Interphone de surveillance

PAGE OPPOSÉE, EN HAUT La chambre de bébé doit être confortable et apaisante autant pour l'enfant que pour les parents. Après tout, c'est ici que vous passez le plus de temps à bercer votre enfant, à le dorloter et à changer sa couche.

PAGE OPPOSÉE, EN BAS La peinture murale, les animaux en peluche et la literie en imprimé à léopards soulignent le thème de la jungle.

EN HAUT Cette chambre pour petite fille, agrémentée de volants, dégage beaucoup de féminité. L'ameublement et la parure des murs et des fenêtres pourront toujours servir plus tard. La palette rose et verte sied toujours bien au sexe féminin.

Idée de génie

Un ameublement polyvalent

Il est plus sage d'investir dans des meubles qui se transforment tout au long du développement de votre enfant : des couchettes qui se convertissent en lits juniors ou des tables à langer avec tiroirs qui dispensent de l'espace de rangement.

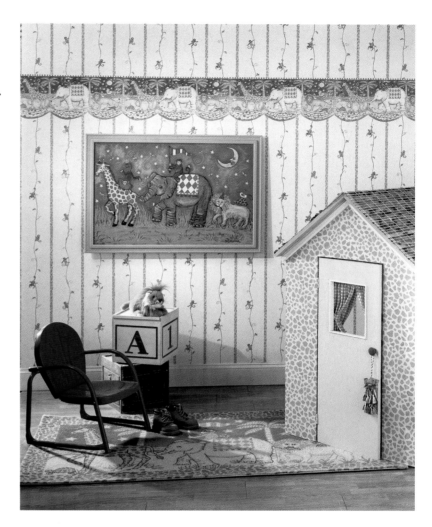

PAGE OPPOSÉE Une table à langer munie de rebords et d'un petit mur de fond se change en commode — il ne suffit que d'enlever le matelas mousse.

À DROITE Donnez une nouvelle vocation à un meuble, en le changeant d'emplacement. Cette chaise extérieure en métal agrémente l'intérieur de la chambre d'enfant.

Une planche témoin pour planifier la déco

▍ **Procurez-vous un carton-mousse blanc** dans un magasin de matériel d'artiste. Taillez-le d'une dimension de 21,5 cm x 27,9 cm (8 ½ x 11 po). Collez-y des échantillons de tissus, de peinture et de papier peint. Réservez environ deux tiers de la planche pour la décoration du mur et des fenêtres, puis consacrez le dernier tiers à l'ameublement — y compris la literie — et le revêtement du sol — y compris les tapis.

▍ **Déplacez et replacez les échantillons** pour expérimenter plusieurs agencements de couleurs et d'imprimés. Révisez vos choix à différents moments de la journée, sous diverses conditions d'éclairage.

▍ **Choisissez une couleur de base,** puis procurez-vous des échantillons de celle-ci dans tous les tons et toutes les teintes possibles.

▍ **N'oubliez pas** que les professionnels apprennent beaucoup de leurs essais et de leurs erreurs.

8

Il y a de cela à peine 20 ans, l'aménagement d'un bureau personnel était exceptionnel. Mais grâce aux avancées technologiques et à l'avènement du télétravail, rares sont les maisons d'aujourd'hui qui en sont dépourvues. Un bureau personnel peut comprendre simplement un ou deux tiroirs pour classer des dossiers et une surface pour un portable, des livres et quelques papiers. Mais l'on peut aussi lui consacrer une pièce en entier avec un mobilier encastré, un vaste espace de travail ainsi que d'autres agréments conçus pour rendre l'ensemble pratique et attrayant. Ce chapitre vous propose plusieurs façons de répondre aux exigences de votre travail à la maison.

Aires de travail

▌ le bureau personnel ▌
▌ un bureau dans la cuisine ▌

Un bureau encastré dans la cuisine est propice au travail et à la supervision des activités familiales. Les tiroirs et les étagères permettent de ranger les dossiers et les fournitures.

Lorsque vous travaillez à la maison, vous ne disposez pas de toutes les ressources qui sont à la portée de votre main dans un bureau ordinaire. Par contre, vous jouissez d'un avantage considérable : vous êtes le maître de céans. Si vous aimez la couleur rouge, personne ne peut vous empêcher de peindre l'ensemble des murs et de votre ameublement de cette couleur énergisante. Si cela vous chante, vous êtes même libre d'étaler vos papiers et vos dossiers au sol pendant plusieurs semaines. En effet, l'un des nombreux avantages du travail à la maison est de pouvoir personnaliser l'espace que vous occupez.

Au lieu d'aller simplement vous installer dans une pièce vacante, commencez par évaluer vos besoins, puis aménagez et décorez votre bureau en

Le bureau personnel

fonction de ceux-ci. Si vous trouvez qu'une vue qui donne sur l'extérieur stimule votre créativité, placez votre bureau face à une fenêtre. Si vous aimez vous détendre en lisant, réservez-vous un espace avec une chaise confortable. Si les calendriers, les informations affichées et les tableaux chronologiques vous aident à mieux gérer vos projets, suspendez des tableaux d'affichage. Ou encore, recouvrez votre bureau d'un plexiglas ou d'un sous-main en papier pour y consigner les informations les plus importantes.

Avant de prévoir le retrait ou l'ajout d'éléments à votre bureau personnel, pensez aux différentes étapes de votre travail – à vos sources d'inspiration, aux outils requis pour réaliser un projet et à la façon de gérer tous les dossiers auxquels vous devrez nécessairement faire appel un jour, à titre de référence. Une fois ces informations colligées, vous pouvez choisir votre ameublement et déterminer votre aménagement.

À GAUCHE Si vous prévoyez rencontrer des clients, envisagez d'y placer des chaises ou des fauteuils. Cet espace peut aussi vous servir de lieu de réflexion.

À DROITE Ce bureau personnel rassemble les meilleurs éléments d'un espace de travail efficace : un bureau, un bon éclairage, une chaise confortable et un environnement apaisant.

Chez soi au travail

Idée de génie

Le confort avant tout

Abordez l'aménagement de votre bureau comme celui de toutes les autres pièces. Choisissez un ameublement convenable – des éléments confortables et attrayants. Optez pour des finitions qui requièrent peu d'entretien. Avec cette touche personnelle, vous obtiendrez une aire de travail d'allure professionnelle.

PAGE OPPOSÉE La bibliothèque encastrée et le lambris en bois foncé des murs s'intègrent au style classique du bureau et de la parure des fenêtres.

À DROITE Dans une cuisine, une partie du mobilier est conçue pour y gérer les affaires courantes de la maison.

Le travail à la maison

Le nombre de travailleurs qui exercent une partie ou la totalité de leur métier à la maison augmente sans cesse. Aussi, de plus en plus de produits conçus pour faciliter le travail à la maison sont offerts. Les magasins de détail et les catalogues spécialisés offrent des articles pour le rangement adaptés à vos habitudes de travail et au style de votre maison. Un bon système de rangement dans votre bureau vous rend plus productif et vous permet de profiter de la sérénité du reste de la maison – et l'inverse. Un espace de travail bien organisé doté d'un rangement spécialisé vous évite de perdre du temps à chercher des documents importants – ou pire encore, de les égarer. Voici quelques conseils pour optimiser votre système de rangement :

▌ **Disposez** votre mobilier de manière à garder les éléments qui vous servent le plus souvent (téléphone, dossiers, ouvrages de référence) à portée de la main. Au moment de choisir votre ameublement, n'oubliez pas que le bureau en forme de « L » est le plus fonctionnel.

▌ **Entreposez** les fournitures dans des boîtes, des paniers et autres récipients étiquetés. Remisez le matériel supplémentaire, tels le papier et les cartouches d'imprimante, dans un placard.

▌ **Rentabilisez** l'espace mural. Posez des étagères du plancher au plafond.

▌ **Prévoyez** des tiroirs et des étagères supplémentaires, pour avoir plus d'espace pour bouger. Vous vous retrouverez moins vite à court d'espace.

EN HAUT Vous pouvez placer un petit bureau et des étagères entre deux armoires de rangement.

EN HAUT, À DROITE Un secrétaire assez spacieux pour l'usage d'un portable est pourvu de tiroirs profonds pour le classement.

À DROITE Un élément bien conçu peut être multifonctionnel. Ici, des étagères, une prise de courant et une tablette de travail coulissante transforment cette reproduction d'armoire antique en bureau personnel. Lorsque les portes sont fermées, le bureau n'est plus à la vue.

Classer mieux

Choisissez les classeurs en fonction de la valeur et de la quantité du matériel à entreposer.

▌ **Instaurez un système de classement** de façon logique. Séparez les tiroirs en catégories, puis classez les chemises par fonction. Un outil de classement efficace consiste à utiliser un code de couleur : pour retrouver rapidement un document, attribuez une couleur différente à chaque catégorie de chemises. Étiquetez lisiblement les chemises en lettres moulées inscrites avec de l'encre à l'épreuve de l'eau. Classez les articles les plus récents en avant des plus anciens.

▌ **Les chemises sont plus pratiques** lorsqu'elles sont suspendues sur des rails ; cela permet de lire aisément les étiquettes. Les chemises empilées finissent par s'enchevêtrer.

▌ **Élaguez votre système de classement.** Retirez les chemises périmées de vos classeurs — et de votre bureau — dès que possible. Transférez-les dans des cartons ; apposez une étiquette et inscrivez-y la date ; puis acheminez le tout au paradis des classeurs (au grenier, il va sans dire). Une fois l'an, faites un tri dans ces archives. Disposez des boîtes qui contiennent des documents désuets.

EN HAUT, À DROITE Les étagères métalliques représentent une option de classement peu coûteuse. Le rangement ordonné dissimule le fouillis et accentue la facture contemporaine de ce système.

▌

À DROITE L'orange intense du mur insuffle une dose énergétique de couleur à l'arrièrefond de ces classeurs utilitaires surplombés de tablettes réglables.

La **b**ibliothèque de **b**ase

Cette bibliothèque est construite de pièces de contreplaqué d'une épaisseur de 1,9 cm (¾ po). Le panneau arrière est d'une épaisseur de 1,3 cm (½ po). Le contour de la façade est assemblé avec des pièces d'une épaisseur de 2,5 cm (1 po). Les étagères sont fixées avec des vis enfoncées à partir des côtés. Si vous installez plusieurs éléments, ajoutez des cache-vis aux extrémités seulement.

Assemblage. Taillez les pièces du côté d'une largeur supérieure de 1,3 cm (½ po) à la profondeur de l'étagère – pour laisser une engravure pour le panneau arrière. Taillez les étagères et l'élément du haut. (Les étagères d'une largeur supérieure à 81,3 cm (32 po) requièrent un soutènement.) Dissimulez le chant des étagères avec une bande de chant ou une bande adhésive de jointement. Assemblez l'ossature avec des vis à bois enfoncées dans des avant-trous fraisés. Taillez le panneau arrière ; assurez-vous que l'ossature soit d'équerre ; fixez le panneau arrière avec de la colle et des clous de finition puis clouez-le aux étagères. Consolidez l'ensemble avec des tasseaux de 2,5 cm x 5,1 cm (1 po x 2 po) placés sous l'étagère du bas et au-dessus de celle du haut.

Installation. Vissez les tasseaux à l'ossature du mur. Posez la façade avec de la colle et des clous de finition. (La façade peut être préassemblée à l'aide de lamelles ou montée une pièce à la fois.) Ajoutez une corniche ou un parement de 2,5 cm x 2,5 cm (1 po x 1 po) le long de la partie supérieure – et de celle du bas, si vous le désirez. Pour incorporer le meuble à l'ensemble, utilisez les mêmes moulures que celles des éléments adjacents.

Les éléments d'une bibliothèque

Corniche

Arrière : contreplaqué 1,3 cm (½ po)

Façade : bois dur 2,5 cm x 2,5 cm (1 po x 1 po)

Étagères : contreplaqué 1,9 cm (¾ po) avec bande de chant

Cache-vis et vis

Côtés : contreplaqué 1,9 cm (¾ po)

PAGE OPPOSÉE Les étagères dégagées sont pratiques. Vos livres sont à portée de la main et ont l'apparence d'accessoires de décoration. Les étagères doivent être assez robustes pour soutenir le poids des livres.

Idée de génie
Mettre en lumière

Pour ajouter de l'attrait à une pièce, multipliez les sources d'éclairage. Vous rehausserez l'aspect, l'ambiance et la fonctionnalité de votre bureau. Évitez les lumières d'appoint qui éblouissent votre aire de travail.

I I I I L'éclairage multiple rehausse l'ambiance I I I I I I I I I I I I I I I I I I

L'un et l'autre

Il existe deux types d'éclairages de base pour votre bureau. *L'éclairage indirect*, aussi appelé lumière ambiante ou diffuse, illumine la pièce sans accentuer certains éléments ou espaces précis. *L'éclairage direct* – ou la lumière dirigée ou d'appoint – met en valeur un objet ou une aire précise de la pièce. Conjuguez les deux pour éliminer les ombres et obtenir le meilleur éclairage pour vos activités de jour et de soirée.

PAGE OPPOSÉE, EN HAUT
La lumière incandescente met en valeur l'armoire murale de cette pièce. Une lampe de table fournit un éclairage direct.

I

PAGE OPPOSÉE, EN BAS Les deux lampes servent essentiellement à éclairer le bureau – mais leur design distingué leur confère aussi un aspect décoratif.

I

À GAUCHE Le jour, l'ensoleillement pénètre par la fenêtre sans parure et inonde la pièce de lumière naturelle. Le soir, l'éclairage d'appoint rehausse la murale du plafond voûté.

La **c**onservation des **l**ivres

Voici comment garder votre collection de livres en bon état – que ce soit une pièce entourée d'une bibliothèque encastrée ou une simple tablette posée près de votre chaise préférée. N'oubliez pas : les livres sont sensibles à leur environnement.

▌ L'humidité et les écarts de température nuisent aux livres. Ne placez pas votre bibliothèque le long d'un mur extérieur, car ceux-ci sont souvent sensibles aux fluctuations de température.

▌ Pour éviter la décoloration des reliures, protégez vos livres de la lumière crue (naturelle ou artificielle).

▌ Pour éviter le gondolage, regroupez les livres de même dimension puis alignez-les en rangées ni trop serrées ni trop lâches.

▌ Ne poussez pas les livres jusqu'au fond des étagères, car l'air y circule moins librement ; à la longue, cela pourrait favoriser la moisissure.

▌ Rangez les ouvrages fragiles ou lourds et volumineux sur le plat.

▌ Pour une touche distinguée, adossez un livre attrayant – ou pour lequel vous ressentez un attachement particulier – sur un présentoir.

À GAUCHE Une bibliothèque aussi bien garnie requiert un coin de lecture douillet – d'où cette causeuse moelleuse.

▌

PAGE OPPOSÉE Les bibliothèques encastrées de ce bureau tiennent lieu, en quelque sorte, de papier peint ; elles ajoutent style et vigueur à la pièce. Le rail d'éclairage à faible tension accentue l'ensemble. La disposition des livres du plancher au plafond attire le regard vers le haut, jusqu'à la peinture – une jolie touche personnelle.

Un bureau dans la cuisine

L a cuisine est souvent la pièce centrale de la famille – là où les enfants s'affairent à leurs devoirs et où vous triez votre courrier, ou réglez vos factures. Ces vocations multiples justifient amplement l'intégration d'un petit espace de bureau à même la cuisine. Si vous êtes à l'étape de la conception, prévoyez de situer votre aire de travail près d'une porte. Vous serez plus près de la sortie pour aller poster votre courrier – et vous nuirez moins à la préparation des repas. Si vous réaménagez la pièce, utilisez l'espace de comptoir le moins sollicité à titre de bureau personnel. Réservez-vous un espace d'étagère ou la section d'un meuble pour y installer votre ordinateur et ranger vos fournitures. Pensez aussi au-dessous de cet espace pour, le cas échéant, y insérer un tiroir classeur.

PAGE OPPOSÉE, EN HAUT Un bureau intégré à l'extrémité d'un îlot massif. C'est l'endroit idéal pour s'occuper du courrier, préparer les menus et tenir les livres de la maisonnée.

PAGE OPPOSÉE, EN BAS Lors des rénovations, le propriétaire de cette cuisine a choisi d'encastrer un petit bureau à l'extrémité des armoires.

EN BAS Un petit plan de travail assorti d'un dosseret de liège démontrent l'utilisation efficace d'un espace restreint. Les armoires et les tiroirs servent de rangement aux chemises, au courrier et aux livres de recettes.

9

La décoration d'une résidence n'est pas uniquement réservée aux pièces intérieures de la maison. Certains décorateurs abordent l'aménagement d'un patio, d'une terrasse, d'une véranda et d'un solarium de la même façon que l'une des pièces de la maison. Ils intègrent souvent ces éléments extérieurs à l'ensemble du concept. L'aménagement extérieur mérite autant de minutie que la décoration intérieure – et davantage de réflexion, car le climat joue un rôle déterminant à la réussite du projet. Mais à l'aide d'une planification rigoureuse, ces aires extérieures peuvent devenir vos espaces d'habitation préférés. Voici quelques idées pour patios, terrasses et autres aménagements en plein air.

Le design extérieur

▌ l'aménagement extérieur ▌
▌ vérandas et solariums ▌

Une chaise confortable installée sur la véranda invite à la détente. Les coussins moelleux recouverts d'un tissu à l'épreuve des intempéries augmentent le niveau de confort.

Appliquez les éléments fondamentaux du design

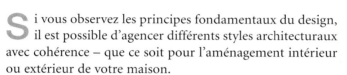

S i vous observez les principes fondamentaux du design, il est possible d'agencer différents styles architecturaux avec cohérence – que ce soit pour l'aménagement intérieur ou extérieur de votre maison.

Pensez d'abord à deux principes indissociables : l'échelle et la proportion. L'échelle fait référence à la dimension et la proportion renvoie à la relation des parties ou des éléments selon leur dimension respective. Ainsi, la dimension d'une véranda ou d'une entrée recouverte doit convenir à la dimension de la maison. Appliquez ce principe à vos projets d'aménagement paysager et de maçonnerie, ainsi qu'à votre choix d'ornements extérieurs.

Considérez ensuite la ligne. Pour ajouter de l'élégance, intégrez diverses lignes architecturales. Sur le plan vertical, à l'aide de volets, d'arbres coniques et de colonnes élevées ; sur le plan horizontal, avec une plate-forme ou une balustrade face à une entrée ; sur le plan diagonal, sous la forme d'un toit à pignon ; et sur le plan curviligne, en aménageant un lit de fleurs qui serpente ou une allée au contour courbé.

Utilisez votre jugement et votre sens de l'esthétisme pour maintenir l'équilibre et l'harmonie de l'ensemble.

EN HAUT, À GAUCHE Une fenêtre de forme elliptique équilibre l'entrée excentrée.

EN HAUT Une porte rouge accueille les visiteurs à cette maison.

CI-DESSUS Une lumière cylindrique rehausse l'aspect visuel.

CI-DESSOUS Une fenêtre ovale complémente cette façade de style classique.

À GAUCHE Le toit à deux pentes situé à chaque extrémité de cette maison de style colonial hollandais apporte une symétrie à l'ensemble.

EN HAUT, À GAUCHE La restauration de cette splendide porte antique en chêne lui a redonné son grain original de couleur miel. Elle sied parfaitement à cette magnifique maison au cachet ancien.

EN HAUT, À DROITE Un vitrail paré d'un blanc couleur crème. L'ornement de feuilles d'or confère un aspect de noblesse à la fenêtre.

CI-DESSOUS La teinture des planchers et des balustrades s'harmonise à l'époque et au style de la maison, et ajoute un élément chaleureux à l'ensemble de la vaste véranda.

CI-DESSUS Une maison de style ancien d'une richesse architecturale remarquable est ornée d'une couche de peinture fraîche. Pour ajouter une touche d'élégance, certaines surfaces, tels la traverse supérieure, le plafond et le plancher de la véranda, ont été teintes en marron foncé.

Avant de repeindre

Il existe plusieurs façons d'enlever la vieille peinture. Les décapants chimiques ramollissent la peinture et permettent de l'enlever au grattoir. Un pistolet thermique donne le même résultat, mais sans les produits chimiques. On peut aussi utiliser du papier à poncer, des grattoirs à peinture, des appareils de lavage sous pression – et plus encore. Choisissez la méthode la plus appropriée à votre projet. Pour les grandes surfaces, telle la façade d'une maison, il serait difficile – et fort salissant – d'appliquer des litres de décapant chimique. Grattez plutôt le revêtement ou lavez-le sous pression. Pour les menus travaux tel le décapage de moulures, optez pour un pistolet thermique ou un décapant chimique. Lorsque les rainures et les autres détails de finition regorgent pratiquement d'anciennes couches de peinture, plusieurs applications sont requises. Pour les surfaces planes, enlevez la peinture ramollie à l'aide d'un couteau à mastic. Pour les endroits moins accessibles, utilisez un grattoir de forme profilée. De petits outils aux têtes interchangeables sont conçus pour s'insérer dans le creux des moulures. Avant de décaper, assurez-vous que la peinture ne soit pas à base de plomb. En cas de doute, faites analyser un échantillon. Pour disposer des déchets, conformez-vous aux réglementations de votre localité. Si vous utilisez un décapant chimique, portez toujours des gants de caoutchouc et un appareil de protection respiratoire.

L'aménagement extérieur

Pour une transformation profonde de votre résidence, aucun élément ne possède autant d'impact que la couleur – et peu de matériaux procurent autant de satisfaction. La couleur peut s'utiliser de façon subtile ou accentuée. Mais chose certaine, la couleur est un élément très personnel. Il existe quelques principes de base pour vous orienter quant aux combinaisons possibles ou aux agencements avec certains styles architecturaux, mais de manière générale, vous êtes entièrement libre de choisir ce qui vous plaît. (Méfiez-vous : certaines localités, surtout celles au cachet historique, réglementent le choix des couleurs admises.) Explorez les options qui s'offrent à vous.

EN HAUT Sur cette vaste véranda, deux ensembles de mobilier sont disposés pour former des cercles intimes propices à la conversation. Chaque aire dispose de places assises et d'une table pour y déposer la collation.

À DROITE Les meubles en osier sont un classique des vérandas. Les bandes larges de la matelassure des chaises confèrent un cachet estival à cet espace. Le rouge des coussins pigmente les teintes neutres de l'ensemble.

PAGE OPPOSÉE La véranda enveloppante de cette maison du siècle dernier est splendide. Les petites planches du plafond ont été peintes en bleu pastel – une façon traditionnelle de représenter la couleur du ciel.

La véranda bien aménagée

La véranda sert surtout à procurer de l'ombre, mais aussi à prendre le repas et à recevoir des amis. Voici quelques conseils pour aménager votre véranda en fonction de ces activités – et bien d'autres aussi.

▌ **Renoncez aux dessertes chambranlantes** et aux chaises en métal pliantes. Ce mobilier de type intérieur n'a pas sa place sur une véranda.

▌ **Utilisez un tapis extérieur** pour délimiter l'espace et rehausser l'aspect de l'aire de détente.

▌ **Utilisez une table** assez grande pour y prendre le repas. Prévoyez suffisamment de chaises pour accommoder la visite arrivée à l'improviste.

▌ **Prévoyez une table** pour préparer les consommations et servir un repas de type buffet.

▌ **Munissez vos chaises d'une matelassure.** Étalez des coussins au sol.

▌ **Intégrez l'espace environnant** en décorant la véranda avec des plantes.

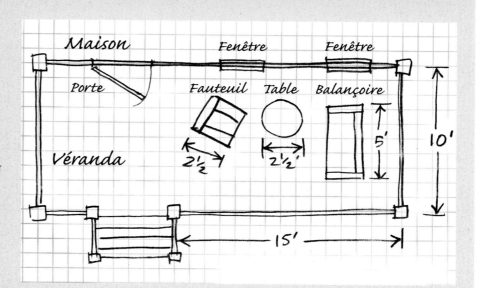

▌ **Installez une armoire** ou une commode de jeux et de casse-têtes.

▌ **Pour une finition propre et luxueuse**, teignez ou peignez le plancher, les colonnes, les balustrades et les autres ornements extérieurs.

▌ **Placez un panier rempli de livres** et de revues à la portée de la main.

Idée de génie

Allez, housse !

Pour les coussins et les matelassures, les housses amovibles sont plus pratiques car elles sont faciles à nettoyer. Leur design est d'une simplicité qui vous permet de les coudre vous-même sans trop de difficulté.

Rafraîchissez votre **v**ieille **p**orte

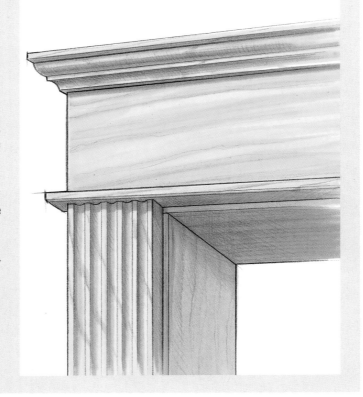

Votre vieille porte d'entrée a besoin de faire peau neuve ? Commencez par la repeindre. Mais si elle est recouverte de plusieurs couches de peinture, retirez-la de ses charnières et décapez-la. Si vous voulez rendre le grain du bois visible, vous devrez également la décaper. Si vous n'avez qu'à repeindre la porte, poncez d'abord sa surface. Utilisez une peinture au latex conçue pour l'extérieur. Lorsque votre porte est enfin rafraîchie, dotez-la d'une quincaillerie neuve : poignée, serrure, heurtoir. Vous pouvez même changer la fenêtre. Une autre façon de restaurer une porte consiste à remplacer le contre-chambranle – la bordure qui dissimule l'espace entre le mur et les montants. Ou encore, posez une architrave – une moulure horizontale volumineuse et détaillée placée au-dessus de la porte et reposant sur des pilastres (droite) – et des fausses colonnes de chaque côté de la porte. Certains fabricants de moulures offrent des pièces dont la pose ne requiert pas de coupes biseautées.

PAGE OPPOSÉE Ces deux heurtoirs possèdent la même finition de nickel satiné, mais sont de concept tout à fait opposé. L'aspect épuré de celui de gauche est de facture manifestement contemporaine ; le style de celui de droite, plus orné, s'inspire de la vieille Europe.

À DROITE Même un élément fonctionnel comme un tapis d'accueil peut avoir du cachet. Personnalisez le vôtre à l'aide d'un monogramme ou de votre nom de famille. Choisissez un modèle qui s'intègre à votre style de décoration ou qui dévoile un aspect de vous – tel un motif topiaire si vous aimez jardiner, par exemple.

EN BAS La numérotation peut rehausser le cachet de votre façade de maison. Il existe plusieurs styles, dimensions et types de finition pour les chiffres –tel le style colonial ou arts et artisanat. Pour une entrée qui se démarque davantage, peignez les chiffres vous-même (ci-dessous).

Les vérandas et les solariums offrent plusieurs attraits : la lumière naturelle, la proximité avec la nature ainsi que le confort et les avantages d'un abri. En réalité, il ne faudrait pas distinguer ces pièces des autres. Intégrez-les plutôt à l'ensemble de votre concept – surtout si elles sont adjacentes à une pièce intérieure ou que vous devez les traverser pour vous rendre à l'intérieur. Ces deux derniers facteurs influent sur l'aspect des pièces, la disposition du mobilier, les habitudes de circulation et le choix des matériaux utilisés.

La meilleure façon d'attirer vos proches à l'extérieur consiste à leur offrir une pièce accueillante. Choisissez l'ameublement en fonction de son attrait et de sa durabilité, mais aussi de son confort. Placez un coussin moelleux sur le dessus des chaises et des fauteuils. Peignez les meubles d'osier pour les protéger et pour rehausser leur aspect. Installez suffisamment de chaises et de tables pour y déposer consommations, collations et revues. Profitez de l'ambiance propice à la détente que suscite une véranda ou un solarium en installant un hamac, une chaise longue et même un lit de jour. Si vous aimez étirer ce moment de détente jusqu'en soirée, pensez à l'éclairage. Munissez-vous d'une lampe extérieure.

Enfin, considérez l'intimité. Si la pièce est attenante à la façade avant, posez des stores ou des rideaux qui diffusent la lumière. Si la pièce est visible depuis la rue, plantez une haie pour mieux la dissimuler. Pour une touche plus rustique, confectionnez des paravents à partir de volets récupérés.

Vérandas et solariums

PAGE OPPOSÉE Les tons chaleureux de ce jardin d'hiver construit sur mesure rendent cette aire intérieure/extérieure des plus accueillantes.

EN HAUT, À GAUCHE Les foyers extérieurs n'ont jamais autant eu la cote. Celui-ci sert aussi de four à pizza.

EN HAUT, À DROITE Dans ce solarium aux usages multiples, des fenêtres et des tabatières tiennent lieu de murs et de plafonds. Puisque la pièce est à l'abri des intempéries, le décor est pourvu d'un ameublement et d'un système d'éclairage conçu pour l'intérieur. Pour éviter la décoloration du décor, posez des stores ajustables.

À DROITE La pierre calcaire du plancher de cette véranda dégage une fraîcheur tactile sous les pieds. Les murs de couleur citron sont charmants. L'ameublement pourrait autant convenir à un espace intérieur.

À DROITE Les courbes confèrent une touche d'élégance à la tonnelle et au treillis. Certains fabricants harmonisent les éléments de leurs tonnelles à ceux des clôtures. Ce concept (droite) illustre la manière idéale de mettre en valeur l'accès à un jardin.

EN BAS, À GAUCHE Des matériaux de qualité et un certain savoir-faire au service d'un concept sobre confèrent à cette structure beaucoup d'attraits. Pour délimiter certaines aires extérieures, agencez les éléments selon différentes configurations.

EN BAS, À DROITE Les treillis en métal permettent le dessin d'éléments plus fantaisistes, tel ce soleil.

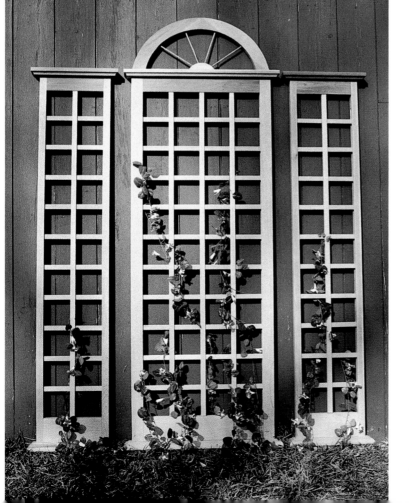

CI-DESSUS Des coussins pourraient agrémenter l'aire de détente de ce patio. La pergole rehausse l'ensemble du concept.

EN HAUT, À DROITE Pour améliorer l'aspect de votre jardin, ornez-le d'éléments aux formes inusitées. Le métal permet de concevoir des motifs que le bois ne pourrait jamais imiter.

À DROITE Ce joli treillis en forme d'arche agrémente le décor extérieur. Il peut être splendide – avec ou sans plantes grimpantes

Glossaire

Accessoires de tuyauterie : ensemble des composantes fixées aux tuyaux qui acheminent l'eau aux éléments de quincaillerie, tel le robinet.

Appariement des formes : action d'obtenir un motif répété lorsque deux pièces de tissus sont alignées, puis assemblées.

Art déco : style de décoration qui s'inspire des formes géométriques. Populaire au cours des années 1920 et 1930.

Art nouveau : style de décoration de la fin du 19e siècle qui s'inspire des formes naturelles. Premier à rejeter les références historiques et à créer son propre vocabulaire du design, caractérisé – entre autres – par des détails curvilignes stylisés.

Assemblage à rainure et languette : technique d'assemblage au cours de laquelle une partie protubérante (languette) s'emboîte dans une engravure (rainure) pour se fixer l'une à l'autre.

Bois de colombage : élément de soutènement vertical fabriqué à partir de bois ou de métal utilisé dans la construction des murs.

Cabriole (en) : type de pied de mobilier caractérisé par une double courbe ou S inversé se terminant par une forme galbée élaborée (habituellement de type griffe et boule).

Candela : intensité lumineuse d'un faisceau de lumière (le flux lumineux total) dirigé dans une direction donnée. Mesurée en unités nommées candela.

Cantonnière : bande de tissu suspendue à la tête d'une fenêtre avec ou sans rideau en dessous.

Capitonnage : tissu d'un matelas ou d'une pièce rembourrée piqué à divers endroits pour retenir le rembourrage, créant ainsi des renfoncements espacés de manière régulière.

Causeuse : petit canapé à deux places.

Code : règle locale ou fédérale concernant la plomberie, les matériaux, le design structurel ou les systèmes électriques, et qui dicte les conditions requises pour construire ou rénover.

Contemporain : tout design moderne (après 1920) qui exclut les éléments traditionnels.

Couleur complémentaire : teinte directement à l'opposée l'une de l'autre sur la roue des couleurs. Les teintes foncées sont contrastées ; les teintes complémentaires s'intensifient entre elles.

Couleur primaire : rouge, bleu ou jaune et ne pouvant être reproduit à partir d'un mélange d'autres couleurs. Les couleurs primaires s'agencent au noir et au blanc pour composer toutes les autres teintes.

Couleur secondaire : mélange de deux couleurs primaires. Les couleurs secondaires sont le vert, l'orange et le violet.

Coulis : mortier utilisé pour combler les interstices entre les carreaux.

Design accessible : design conçu pour accommoder les personnes souffrant d'un handicap physique.

Design adaptable : design pouvant être aisément modifié pour accommoder les personnes souffrant d'une incapacité.

Disjoncteur de fuite à la terre : ou GFCI pour Ground-Fault Circuit Interrupter. Disjoncteur de sécurité qui compare la quantité de courant à l'entrée d'un réceptacle avec celle à la sortie. Dès l'apparition d'un écart de 0,005 volt, le disjoncteur interrompt immédiatement le circuit électrique. Type de disjoncteur requis dans les pièces humides d'une maison.

Dosseret : rebord vertical situé à l'arrière et sur les côtés d'un plan de travail pour protéger le mur adjacent.

Doucine : moulure concave à l'angle d'un plafond ou d'un mur et d'un plancher.

Éclairage direct : 1. Éclairage qui accentue un élément ou une aire précise pour mettre en valeur un aspect de la pièce. 2. Éclairage qui illumine la pièce sans que la source de lumière soit apparente.

Éclairage indirect : 1. Éclairage atténué et indirect. Souvent réfléchi contre une autre surface, tel un plafond. 2. Éclairage qui accentue des aires consacrées à des tâches spécifiques : lecture, maquillage, travail artisanal, préparation des repas.

Éclairage dirigé vers le haut : luminaire qui dirige la lumière vers le haut.

Éclairage en contre-jour : éclairage dont la source provient de l'arrière ou du côté d'un objet.

Éclairage en corniche : section en retrait dans un mur ou dans un plafond qui dissimule une source d'éclairage indirecte.

Éclairage fluorescent : tube de verre à l'intérieur duquel est appliquée une substance fluorescente – un composé chimique qui émet de la lumière lorsqu'il est activé par une énergie ultraviolette. L'air du tube est remplacé par un mélange d'argon et d'une petite quantité de mercure.

Éclairage sur rail : bande métallique fixée au plafond qui alimente un courant à des éléments d'éclairage ajustables.

Élément à usage occasionnel : petit élément de mobilier pour usage accessoire, telles des tables d'extrémité.

Encastré : élément, tels un meuble ou une bibliothèque, niché dans un mur ou à l'intérieur d'une ossature déjà existante.

Ensemble composable : mobilier composé de pièces distinctes qui peuvent être coordonnées. S'agencent entre elles pour former un ensemble ou être utilisées seules.

Ensemble modulaire : éléments de dimension standard qui peuvent être assemblés – telles les pièces d'un canapé.

Faux-fini : technique de peinture décorative qui imite diverses textures présentes dans la nature.

Fédéral : style d'architecture et de décoration populaire aux États-Unis au début du 19e siècle. Caractérisé par une ornementation délicate et la disposition symétrique des pièces intérieures.

Finition patinée : technique de peinture décorative au cours de laquelle la couche finale est poncée et endommagée pour lui donner un aspect vieillot.

Frise : bande horizontale située sur la partie supérieure d'un mur ou juste en dessous de la corniche.

Fronton : couronnement triangulaire au-dessus des portes, des fenêtres et à l'occasion, des tablettes de foyer. Désigne aussi la partie supérieure

d'un mur terminé en pointe sur la façade d'un immeuble.

Géorgien : style de décoration et d'architecture populaire aux États-Unis à la fin du 18e siècle. Caractérisé par des couleurs vives et des pièces aux murs recouverts de panneaux et de boiserie.

Goujon : petit cylindre de bois, de métal ou de plastique qui s'insère dans un trou de même dimension percé dans deux pièces de bois pour les assembler.

Gradateur : interrupteur qui varie l'intensité de la lumière.

Housse : recouvrement de plastique ou de tissu drapé ou taillé sur mesure pour couvrir un élément de mobilier.

Incrustation : élément décoratif habituellement constitué de nacre, de métal ou de bois teint. Incrusté sous la forme d'un motif qui affleure la surface.

Jeu : espace disponible entre deux installations ; entre les axes longitudinaux de deux installations ou entre une installation et un obstacle, tel un mur.

Joint à mortaise et tenon : entaille (mortaise) pratiquée dans une pièce de bois dans laquelle vient s'emboîter une partie saillante (tenon) pour créer un joint.

Glossaire

Lambrequin : bordure drapée suspendue à partir d'une étagère, tel un feston. Il peut couronner une porte ou une fenêtre. Appellation parfois utilisée de manière interchangeable pour désigner une cantonnière.

Lambris : parement de mur constitué de planches, de panneaux ou de pièces de contreplaqué recouvrant la partie inférieure d'un mur intérieur. Contraste habituellement avec la partie supérieure du mur.

Lit de jour : lit à l'aspect de canapé à l'ossature habituellement constituée d'une tête de lit, d'un pied de lit et d'un panneau latéral.

Lumen : unité de mesure qui désigne l'intensité lumineuse d'une source – soit la quantité de lumière visible.

Lumens par watt (LPW) : rapport entre la quantité de lumière produite et l'énergie utilisée (en watts) pour produire cette lumière.

Lumière incandescente : ampoule (lampe) qui convertit la puissance électrique en lumière en acheminant un courant électrique par un filament de tungstène.

Métier à tisser grande dimension : métier capable de tisser un tapis d'une largeur de 1 m 40 et plus.

Meuble avec ossature : meuble muni d'un cadre rectangulaire qui contourne le périmètre intérieur.

Meuble de rangement : meuble utilisé pour entreposer : armoire, commode et bureau.

Meuble-lavabo : mobilier de salle de bain généralement pourvu d'un lavabo et d'un espace de rangement.

Meuble monobloc : meuble sans ossature en façade. Aussi appelé meuble de style européen.

Moulure : bande architecturale utilisée pour dissimuler un joint entre deux surfaces ou pour créer une décoration linéaire. Généralement fabriquée à partir de bois, de plâtre ou de polymère.

Mouvement des Arts et de l'artisanat : ou Arts & Crafts. Style de décoration amorcé en Angleterre à la fin du 19e siècle. Connu alors sous l'appellation de Mouvement esthétique. Dirigé par William Morris. Rejette l'industrialisation pour privilégier la simplicité du design et la qualité d'exécution.

Néoclassique : toute reconstitution des styles de la Grèce et de la Rome antiques, surtout entre la fin du 18e siècle et le début du 19e siècle.

Orientation : emplacement d'un objet ou d'un espace, telle une pièce, une porte ou une fenêtre, et son rapport avec les points cardinaux.

Ourlet supérieur : cordonnet, souvent recouvert de tissu, utilisé comme décoration élégante pour coussins, housses, etc.

Panneau : pièce plate et rectangulaire faisant partie d'un mur, d'une porte ou d'une armoire. Souvent fabriqué en bois. Habituellement encadré d'une bordure. Placé de façon surélevée ou en retrait.

Parquet : marqueterie disposée en motifs géométriques. Constitué de petites lames de bois, souvent teintes de couleurs contrastées.

Péninsule : plan de travail avec ou sans armoires qui se déploie vers l'extérieur. Relié à un mur ou à un autre plan de travail. Accessible des trois côtés.

Pied-bougie : unité de mesure pour l'intensité de la lumière. Un pied-bougie équivaut à un lumen par pied carré de la surface.

Placage : bois de haute qualité tranché en feuilles très minces utilisé comme matériel de parement.

Pli creux : pli double dont les rebords pliés se rapprochent l'un vers l'autre pour former un creux.

Pôle d'attraction : élément dominant d'une pièce ou d'un design qui accroche le regard.

Post-modernisme : expression utilisée pour définir l'évolution en architecture et en décoration intérieure amorcée à l'époque du modernisme au moment où elle commence à s'éloigner de ce même style. Contrairement au modernisme, le postmodernisme comprend l'ornementation et se prévaut de références historiques souvent utilisées singulièrement hors contexte.

Queue d'aronde (assemblage en) : méthode d'assemblage au cours de laquelle des pièces en forme de coin s'imbriquent pour former un joint serré. Souvent utilisé pour la fabrication des meubles.

Quincaillerie : parement de bois, de plastique ou de métal posé sur les meubles, telles les poignées, les poignées de portes et les moulures décoratives.

Reconstitution gothique : style de décoration et d'architecture populaire au milieu du 19e siècle. Version romantique du vocabulaire du design de la période médiévale. Caractérisée par des éléments comme les arches en pointes et les trèfles (motifs à trois feuilles).

Reconstitution grecque : style de décoration et d'architecture s'inspirant des concepts de la Grèce antique. Caractérisée par l'utilisation de colonnes et de frontons.

Roue des couleurs : diagramme en forme de tarte qui démontre l'ensemble des teintes et des pigments et les possibilités d'agencement.

Schéma de couleur harmonieux : ou schéma analogue. Couleurs obtenues en combinant les teintes avoisinantes de la roue des couleurs. La couleur partagée procure habituellement une cohésion à de tels schémas.

Spectre de lumière complet : lumière qui comprend l'ensemble des longueurs d'ondes présentes dans la lumière du jour, y compris la radiation invisible située aux extrémités du spectre visible.

Style colonial : style de décoration et d'architecture de type ancien américain qui date de l'époque coloniale. Influencé par les concepts importés par les immigrants européens – en particulier ceux d'origine anglaise.

Style international : style de décoration et d'architecture datant de la fin de la Seconde guerre mondiale. Privilégie la simplicité au détriment des ornements. Style épuré caractérisé par des murs blancs, des surfaces lisses et une abondance de fenêtres.

Table à abattants : table supportée par des pieds pivotants qui se replient ou se déploient.

Teinte : autre appellation pour désigner des points spécifiques sur l'échelle de la pureté et de la clarté de la roue des couleurs.

Ton : niveau de clarté ou de saturation d'une couleur.

Travail au tour : bois travaillé sur un tour pour lui donner une rondeur au profil symétrique distinct. Les poteaux, les échelons, les pieds de mobilier, etc. sont habituellement fabriqués de cette façon.

Trompe-l'œil : murale constituée d'images réalistes. Crée l'illusion d'un prolongement de l'espace dans la pièce.

Valeur : expression qui désigne la clarté (les teintes) ou la saturation (les ombres) d'une couleur en relation à une échelle de gris allant du noir au blanc.

Zone triangulaire : aire de travail délimitée par les zones concentrées autour du lavabo, de la cuisinière et du réfrigérateur. Une cuisine peut contenir plusieurs zones triangulaires. Dans un triangle idéal, la distance entre les appareils se situe entre 1,2 m et 2,7 m.

Index

Index

Index

Index

Index

Index

Mention de provenance des photos

Sauf indication contraire, toutes les photos de cet ouvrage sont de Mark Samu.

page 1 : gracieuseté de Thibaut, collection : Equestrian/Castle Pine **pages 3-4** : design : Eileen Boyd Interiors **page 6** : en haut, à gauche : Construction : Witt Construction **pages 8-9** : gracieuseté de Hearst Magazines **page 14** : design : Steven Goldgram Design **pages 16-18** : ensemble du design : Eileen Boyd Interiors **page 19** : en haut, design : Eileen Boyd Interiors **page 21** : en bas, à droite, design : Lucianna Samu Design/Benjamin Moore Paint **page 22** : gracieuseté de Hearst Magazines **pages 24-25** : en haut, à droite : gracieuseté de Thibaut, collection : Picking Flowers/Sweet Life ; tous les autres designs : Eileen Boyd Interiors **page 26** : à gauche, gracieuseté de Thibaut, collection : Alligator/Texture Resource ; à droite, gracieuseté de Thibaut, collection : Grass Weave/Texture Resource **page 27** : gracieuseté de Thibaut, collection : Ashville/Castle Pine **page 28** : en haut, à droite, gracieuseté de Thibaut, collection : Sheffield/Sweet Life ; en bas, à droite, design : Lucianna Samu Design/Benjamin Moore Paint **page 30** : en haut, à gauche, construction : Hummel Construction, architecte : Donald Billinkoff, AIA ; en bas, design : Eileen Boyd Interiors **page 31** : gracieuseté de Thibaut, collection : Nantucket/Sweet Life **page 32** : en haut, à gauche, design : Lee Najman Design ; en bas, design : Sherrill Canet Design **pages 34-35** : en haut, à droite, design :

Artistic Designs by Deidre ; en bas, à droite, gracieuseté de Thibaut, collection : South Beach/Sweet Life ; au centre, en bas ; et en bas, à gauche, gracieuseté de Hearst Magazines ; en haut, à gauche, gracieuseté de Thibaut, collection : Sagri/Texture Resource ; en haut, au centre, construction : Bonacio Construction **page 36** : gracieuseté de Thibaut, collection : Molinia/Texture Resource **page 37** : en haut, gracieuseté de Thibaut, collection : Window Shop/Sweet Life ; en bas, à droite, gracieuseté de Hearst Magazines ; en bas, à gauche, architecte : Robert Storm Architects **page 38** : photos du haut, gracieuseté de Hearst Magazines **page 39** : design : Steven Goldgram Design **pages 42-43** : ensemble de la construction : Hummel Construction, architecte : Donald Billinkoff, AIA **page 44** : à gauche, design : Lucianna Samu Design/Benjamin Moore Paint ; à droite, gracieuseté de Thibaut, collection : Pheasant Toile/Castle Pine **page 45** : en haut, gracieuseté de Hearst Magazines ; en bas, à droite, design : Riverside Furniture **page 48** : gracieuseté de Ballard Designs **page 49** : à gauche, gracieuseté de Ethan Allen ; à droite, gracieuseté de Thibaut, collection : St. James/Castle Pine **page 50** : en haut, architecte : Bruce Nagle, AIA ; en bas, construction : Hummel Construction, architecte : Donald Billinkoff, AIA **page 51** : à gauche, gracieuseté de Thibaut, collection : Telluride/Castle Pine ; à droite, gracieuseté de Ethan Allen **page 52** : gracieuseté de Hearst Magazines **page 53** : en haut, gracieuseté de Hearst Magazines **page**

54 : design : Riverside Furniture **page 55** : en haut, à droite, design : Carolyn Miller Design ; en bas, design : Hudson Interiors **page 56** : gracieuseté de Thibaut, collection : Picking Flowers/Sweet Life **page 57** : gracieuseté de Thibaut, collection : South Beach/Sweet Life **page 59** : gracieuseté de Thibaut, collection : Javonica/Texture Resource **page 60** : design : Lee Najman Design **page 61** : en bas, design : C. Gottlieb **pages 62-63** : ensemble du design : Linda Correia Design **page 64** : design : Linda Correia Design **page 65** : à droite, design : Patrick Falco Design ; en bas, à gauche, design : Linda Correia Design ; en haut, à gauche, design : Thomas Lighting **page 66** : en haut, design : Eileen Boyd Interiors ; photos du bas, gracieuseté de Hearst Magazines **page 67** : en haut, gracieuseté de Schonbek Worldwide Lighting ; en bas, à gauche, gracieuseté de Artemide **page 68** : design : Lucianna Samu Design **page 69** : gracieuseté de Seagull Lighting **page 70** : gracieuseté de Thibaut, collection : Appalachia/Texture Resource **page 71** : en haut, Donald Billinkoff, AIA ; en bas, gracieuseté de Ballard Designs **page 72** : design : Donald Billinkoff, AIA **page 74** : en haut, construction : Durst Construction ; en bas, à droite, design : Sherrill Canet Design **page 75** : à droite, design : Eileen Boyd Interiors **page 76** : en haut, à droite, gracieuseté de Thibaut, collection : Venetian/Texture Resource ; en bas, à droite, design : Steven Goldgram Design ; en bas, à gauche, construction : Durst Construction ; en haut, à gauche, design: Pascucci Deslisle Design **page 78**: design: Courland Design **page 80**: à gauche, design: Ken Kelly; à droite, mobilier: Kraft-maid Cabinetry **page 81**: design: Sherrill Canet Design **page 83**: à gauche, design et construction: Benvenuti & Stein; en haut, à droite, design: Jeanne Leonard **page 84**: design: Perfect Interiors **page 87**: à gauche, design: Sherrill Canet Design; à droite, gracieuseté de Hunter Douglas **page 88**: en haut, à droite, design: Correia Design; en bas, à droite; et en bas, à gauche, gracieuseté de Hunter Douglas; en haut, à gauche, construction: D. Reis Construction **page 89**: design: Saratoga Signature Interiors **page 90**: en haut, à droite, construction: T. Michaels Contracting; toutes les autres photos, gracieuseté de Hunter Douglas **page 91**: gracieuseté de Hunter Douglas **page 93**: design: Tom Edwards **page 94**: à gauche, design: Eileen Boyd Interiors; à droite, gracieuseté de Hearst Magazines **page 95**: en haut, à droite, design: Eileen Boyd Interiors; en bas, design: Sherrill Canet Design; en haut, à gauche, gracieuseté de Hearst Magazines **page 96**: en haut, architecte: Bruce Nagle, AIA **page 97**: pour les deux photos, design: Mary Melissa **pages 98-99**: en haut, à droite, design: Healing Bursanti; en bas, à droite; et en bas, à gauche, design: Sherrill Canet Design; en haut, au centre, design: Lucianna Samu Design **page 100**: photos du haut, design: Schuyler Pond **page 101**: pour les deux photos, design: Deidre Gatta Design **page 102**: design: Ellen

Roche **page 103**: ensemble du design: Susan Wiley **pages 104-105**: design: Lucianna Samu Design/Benjamin Moore Paint **page 106**: en haut, à gauche, design: Artistic Designs by Deidre; en haut, à droite, design: Lucianna Samu Design **page 108**: construction: Hummel Construction, architecte: Donald Billinkoff, AIA **page 109**: en haut, design: Kitchens by Ken Kelly; en bas, à droite, design: Kitchen Dimensions **page 110**: en haut, à droite, design: Patrick Falco Design; en bas, à droite, construction: Hummel Construction, architecte: Donald Billinkoff, AIA; en haut, à gauche, design: Schuyler Pond **page 111**: en bas, construction: D. Reis Construction **pages 114-115**: ensemble du design: Linda Correia Design **pages 116–117**: ensemble du design: Linda Correia Design **pages 118-119**: ensemble du design et construction: Benvenuti & Stein **page 120**: pour les deux photos, design: Carpen House **page 121**: pour les deux photos, construction: Durst Construction **page 122**: pour les deux photos, construction: T. Michaels Contracting **page 123**: architecte: Brian Shore, AIA **pages 124-125**: en haut, à droite; et en bas, à droite, construction: Durst Construction; au centre, architecte: Andy Levtovsky; en bas, à gauche; et en haut, à gauche, construction: Bonacio Construction **page 126**: en haut, architecte: Andy Levtovsky; en bas, design: Courland Design **page 127**: architecte: Andy Levtovsky **pages 128-129**: ensemble de la construction: Bonacio Construction **pages 130-131**: à

gauche, construction: Bonacio Construction; au centre, construction: Hummel Construction, architecte: Donald Billinkoff, AIA; en bas, à droite, construction: Witt Construction **pages 132-133**: ensemble du design: TJK Interiors **pages 134**: en haut, gracieuseté de LA-Z-Boy **page 135**: gracieuseté de KraftMaid Cabinetry **pages 138-139**: au centre; en haut, à droite; en bas, au centre; et en bas, à gauche, design: Ken Kelly; en bas, à droite, construction: Architect Magazine **pages 140-141**: ensemble de la construction: T. Michaels Contracting **pages 142-145**: ensemble du design: Jean Stoffer **pages 146-147**: au centre; en bas, au centre; en bas, à gauche; et en haut, à gauche, design: Kitchen Dimensions **page 148**: design: KraftMaid **page 149**: en haut, design: Eileen Boyd; en bas, gracieuseté de Crossville **pages 150-151**: ensemble du design: Jean Stoffer **pages 152-153**: ensemble du design: Patrick Falco **pages 154-155**: conception artistique: Tia Burns **pages 156-157**: ensemble du design: Ken Kelly **pages 158-159**: au centre, design: Andy Levtovsky, AIA; en haut, à droite; et en bas, à droite, design: Bruce Nagle, AIA; en bas, à gauche, construction: Bonacio Construction **page 160**: design: Jim DeLuca, AIA **page 162**: design: Kitty McCoy, AIA **page 163**: construction: Access Builders **page 164**: en haut; et en bas, à droite, design: Ken Kelly; en bas, à gauche, design: Jean Stoffer **page 165**: en haut, à droite, design: The Breakfast Room; à gauche, au centre, design:

Mention de provenance des photos

Jean Stoffer **page 166** : à gauche, au centre ; et à droite, au centre, design : Kitty McCoy, AIA ; en bas, gracieuseté de KraftMaid **page 167** : à gauche, design : Ken Kelly ; à droite, design : Kitty McCoy, AIA **pages 168-169** : en haut, au centre, construction : Gold Coast Construction ; en haut, à droite, gracieuseté de Hearst Magazines ; en bas, à droite, design : Montlor Box, AIA ; en bas, au centre, construction : Gold Coast Construction ; en bas à gauche ; au centre, à gauche ; et en haut, à gauche, design : Ken Kelly **page 170** : en haut, gracieuseté de Hearst Magazines ; en bas, à droite, design : Ken Kelly ; en bas, à gauche, construction : T. Michaels Contracting **page 171** : gracieuseté de Plain & Fancy **page 172** : gracieuseté de KraftMaid **page 173** : en haut, à droite, design : Mojo-Stumer, AIA ; en bas, à droite, architecte : SD Atelier, AIA ; en haut, à gauche, design : Habitech **page 174** : en haut, à gauche, gracieuseté de Wolf ; en bas, à gauche, design : Delisle/Pascucci **page 175** : en haut, à gauche ; et en haut, à droite, design : Jean Stoffer ; en bas, à droite, design : The Breakfast Room ; en bas, à gauche, construction : Access Builders **page 176** : design : Ken Kelly **page 178** : en haut, à droite ; et en bas, à droite, gracieuseté de Hearst Magazines ; photos de gauche : Don Wong/CH, peinture : Dee Painting & Faux Finishes **page 179** : en haut, à droite, design : Montlor Box, AIA ; en bas, à droite, design : Linda Correia Designs Ltd. **page 180** : en haut, à droite, design : Patrick Falco ; en bas, gracieuseté de Glidden ; en haut, à gauche, design :

Sherrill Canet **page 181** : gracieuseté de Sherwin Williams **pages 182-183** : en bas, à droite, construction : Bonacio Construction ; en haut, au centre ; et en haut, à gauche, design : Ken Kelly **page 184** : en haut, à droite, construction : T. Michaels Contracting ; en bas, design : Paula Yedyank ; en haut, à gauche, design : Jean Stoffer **page 185** : design : Eileen Boyd Interiors **page 187** : en haut, design : Andy Levtovsky, AIA ; en bas, à droite ; et en bas, à gauche, gracieuseté de Thibaut **page 188** : gracieuseté de Armstrong **page 189** : en haut, à gauche, architecte : SD Atelier, AIA ; en bas, gracieuseté de Armstrong **page 190** : design : Kitty McCoy, AIA **page 191** : en haut, gracieuseté de Above View ; en bas, à droite ; et en bas, à gauche, gracieuseté de Armstrong **pages 192-193** : en haut, au centre, gracieuseté de Formica ; à droite ; en bas, à droite ; et en bas, à gauche, gracieuseté de Corian ; en haut, à gauche, design : Ken Kelly **page 194** : design : Sherrill Canet Design **page 196** : en haut, design : KraftMaid ; en bas, gracieuseté de Hearst Magazines **page 197** : en haut, design : Deidre Gatta ; en bas, à droite, design : The Tile Studio ; en bas, à gauche, design : Lee Najman **page 198** : en haut, à gauche, gracieuseté de Ginger ; en haut, à droite, gracieuseté de Sonoma ; en bas, à gauche, gracieuseté de MGS **page 199** : design : Lee Najman **pages 200-201** : à gauche, gracieuseté de Hearst Magazines ; en haut, gracieuseté de Bach ; en bas, à droite, construction : T. Michaels Contracting ; en bas, au centre, gracieuseté de Seagull Lighting **page**

202 : design : KraftMaid **page 203** : en haut, à gauche, design : Mojo-Stumer, AIA ; en bas, à gauche, gracieuseté de Hearst Magazines **pages 204-205** : ensemble du design : The Tile Studio **pages 206-207** : ensemble du design : Deidre Gatta **page 208** : en haut, design : Ken Kelly ; en bas, construction : Dean Durst Construction **page 209** : en haut, à droite, gracieuseté de Sonoma ; en bas, construction : Bonacio Construction **pages 210-211** : en haut, à gauche, gracieuseté de Sonoma ; en haut, au centre, design : Deidre Gatta ; à gauche, design : The Tile Studio ; en bas, au centre, gracieuseté de Hearst Magazines ; en bas, à gauche, gracieuseté de Sonoma **page 212** : en haut, à gauche, design : Sherrill Canet ; en bas, à gauche, gracieuseté de Kohler **page 213** : en haut, design : Lucianna Samu Design ; en bas, gracieuseté de Adagio **page 214** : en haut, à gauche, gracieuseté de Kohler ; en haut, à droite, gracieuseté de Neo-Metro ; en bas, gracieuseté de Herbeau **page 215** : en haut, à gauche, gracieuseté de Neo-Metro ; à droite, gracieuseté de Herbeau ; en bas, gracieuseté de Neo-Metro **page 216** : gracieuseté de Merillat **page 217** : en haut, gracieuseté de Wood-Mode ; en bas, à droite, design : Jeanne Leonard **page 218** : à gauche, design : The Tile Studio ; à droite, design : Sherrill Canet **page 219** : en haut, à gauche ; et en haut, à droite, gracieuseté de Wood-Mode ; en bas, à droite ; et en bas, à gauche, gracieuseté de KraftMaid **page 220** : construction : T. Michaels Contracting **page 221** : en haut, à gauche ; et en haut, à droite, design: The Tile Studio; en bas, design: Anne Tarasoff **pages 222–223**: en haut, à gauche, design: Jeanne Leonard; en bas, au centre, design: Lucianna Samu Design; à gauche, design: Deidre Gatta **page 224**: en haut; et en bas, gracieuseté de Merillat **page 225**: en haut, gracieuseté de Merillat; en bas, gracieuseté de KraftMaid **pages 226-227**: en haut, au centre, design: Sherrill Canet; en haut, à droite, gracieuseté de Glidden; en bas, à droite, design: Lucianna Samu Design; en bas, au centre, gracieuseté de Sherwin Williams; à gauche, gracieuseté de Hearst Magazines **pages 228-229**: en haut, au centre, construction: Dean Durst Construction; en bas, à droite, gracieuseté de Schonbek Worldwide Lighting, Inc. **pages 230-231**: en haut, à gauche; et détail, construction: T. Michaels Contracting; à droite, gracieuseté de York Wallcoverings **page 232**: George Ross/CH **page 233**: en haut, à gauche, design: Mojo-Stumer, AIA; en haut, à droite; et en bas, à droite, gracieuseté de Hearst Magazines **page 234**: à gauche, design: SD Atelier, AIA; en haut, à droite, gracieuseté de Motif Designs; en bas, gracieuseté de Hearst Magazines **page 235**: en haut, à gauche, design: Ken Kelly; en bas, à droite, design: Doug Moyer, AIA **pages 236-237**: design: Rinaldi Associates **pages 238-239**: ensemble du design: Anne Tarasoff **page 240**: à gauche, gracieuseté de Thibaut, collection: Scottish Plaid/Castle Pine; à droite, design: Patrick Falco **page 241**: design: Patrick Falco **page 243**: design: Lee Najman Design **page**

244: en haut, design: Denise Maurer; en bas, gracieuseté de Hearst Magazines **page 245**: pour l'ensemble, gracieuseté de Hearst Magazines **page 246**: design: Lee Najman Design **page 247**: en haut, à droite, gracieuseté de Hearst Magazines, peinture: Inpaint Workshops & Studio, ameublement: Choice Seating; en bas, design: Pascucci Deslisle Design; en haut, à gauche, gracieuseté de Hearst Magazines **pages 248-249**: ensemble de la construction: Hummel Construction, architecte: Donald Billinkoff, AIA **pages 260-261**: design: Pascucci Deslisle Design **page 262**: gracieuseté de Thibaut, collection: Carnival/Toile Resource **page 263**: à gauche, gracieuseté de York Wallcoverings; à droite, gracieuseté de Seabrook Wallcoverings **page 264**: en haut, gracieuseté de York Wallcoverings; en bas, design: Picture Perfect Design **page 265**: gracieuseté de York Wallcoverings **page 266**: gracieuseté de Finn + Hattie **page 267**: gracieuseté de Seabrook Wallcoverings **pages 268–269**: construction: Gold Coast Construction **pages 270–271**: pour les deux photos, design: Lee Najman Design **page 273**: design: Ken Kelly **page 274**: en haut, à droite, gracieuseté de Ballard Designs; en bas, à droite, gracieuseté de Ethan Allen; en haut, à gauche, gracieuseté de Hearst Magazines **page 275**: les deux, gracieuseté de Elfa/The Container Store **page 278**: en bas, à gauche, design: Patrick Falco **page 280**: construction: Witt Construction **page 281**: design: Lucianna Samu Design **page 283**: en haut, gracieuseté

de Hearst Magazines **pages 286-289**: ensemble des photos, Stan Sudol/CH **page 290**: en haut, gracieuseté de Armstrong Urban Challenge; en bas, Stan Sudol/CH **page 291**: Stan Sudol/CH **page 292**: photos du haut, gracieuseté de Atlas **page 293**: en haut, gracieuseté de Restoration Hardware; en bas, Stan Sudol/CH **page 294**: gracieuseté de Colebrook Conservatories **page 295**: en bas, gracieuseté de Armstrong Urban Challenge; en haut, à gauche, design et construction: Access Builders **page 296**: en haut, gracieuseté de Elyria Fence, Inc.; en bas, à droite, gracieuseté de www.gidesigns.net; en bas, à gauche, gracieuseté de Trellis Structures **page 297**: en haut, à droite; et en bas, à droite, gracieuseté de Garden Artisans; en haut, à gauche, gracieuseté de Elyria Fence, Inc.

Titres sur le bricolage
chez BROQUET

Collection BLACK & DECKER

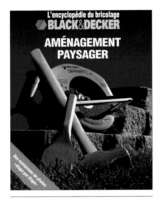

19,95 $. 128 pages.
ISBN 978-2-89000-558-7.

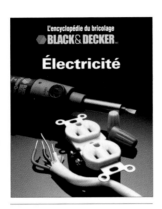

19,95 $. 128 pages.
ISBN 978-2-89000-519-8.

19,95 $. 128 pages.
ISBN 978-2-89000-543-3.

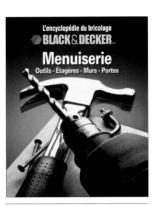

19,95 $. 128 pages.
ISBN 978-2-89000-521-1.

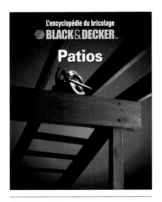

19,95 $. 128 pages.
ISBN 978-2-89000-522-8.

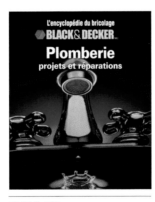

19,95 $. 128 pages.
ISBN 978-2-89000-540-2.

19,95 $. 128 pages.
ISBN 978-2-89000-542-6.

19,95 $. 128 pages.
ISBN 978-2-89000-520-4.

19,95 $. 128 pages.
ISBN 978-2-89000-559-4.

19,95 $. 128 pages.
ISBN 978-2-89000-570-9.

19,95 $. 128 pages.
ISBN 978-2-89000-541-9.

19,95 $. 128 pages.
ISBN 978-2-89000-569-3.

Bricolage, rénovation

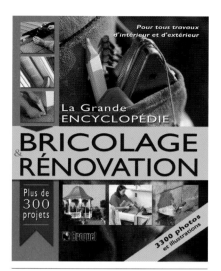

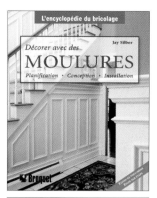

24,95 $. 208 pages.
ISBN 978-2-89000-707-9.

34,95 $. 256 pages.
ISBN 978-2-89000-862-5.

29,95 $. 200 pages.
ISBN 978-2-89000-878-6.

44,95 $. 608 pages.
ISBN 978-2-89000-702-4.

29,95 $. 288 pages.
ISBN 978-2-89000-714-7.

29,95 $. 288 pages.
ISBN 978-2-89000-829-8.

29,95 $. 272 pages.
ISBN 978-2-89000-729-1.

Décoration intérieure

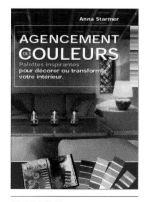

19,95 $. 256 pages.
ISBN 978-2-89000-732-1.

19,95 $. 256 pages.
ISBN 978-2-89000-733-8.

29,95 $. 144 pages.
ISBN 978-2-89000-647-8.

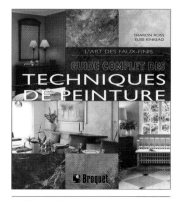

29,95 $. 272 pages.
ISBN 978-2-89000-654-6.